KB244357

기독교학교의 공공성

Publicity of the Christian Schools

초판 1쇄 발행	2014년 11월 13일
지은이	박상진 · 장신근 · 강영택 · 김재웅
기 획	기독교학교교육연구소
펴낸이	원성삼
책임편집	조소연
펴낸곳	예영커뮤니케이션
주소	136~825 서울시 성북구 성북로6가길 31
전화	(02) 766~8931
팩스	(02) 766~8934
홈페이지	www.jeyoung.com
이메일	jeyoung@chol.com
등록일	1992년 3월 1일 제2-1349호

ISBN 978-89-8350-903-1(04230)
　　　978-89-8350-572-9(세트)

책값 10,000원

저자와의 협의에 따라 인지는 붙이지 않습니다.
저자와 출판사의 허락 없이 내용의 일부를 인용하거나 발췌하는 것을 금합니다.

이 도서의 국립중앙도서관 출판예정도서목록(CIP)은 서지정보유통지원시스템 홈페이지(http://seoji.nl.go.kr)와 국가자료공동목록시스템(http://www.nl.go.kr/kolisnet)에서 이용하실 수 있습니다.(CIP제어번호: CIP2014031215)

모든 인간은 하나님의 형상을 닮은 존엄한 존재입니다. 전 세계의 모든 사람들은 인종, 민족, 피부색, 문화, 언어에 관계없이 존귀합니다. 예영커뮤니케이션은 이러한 정신에 근거해 모든 인간이 존귀한 삶을 사는 데 필요한 지식과 문화를 예수 그리스도의 사랑으로 보급함으로써 우리가 속한 사회에 기여하고자 합니다.

기독교학교교육연구소는 교육의 본질과 방향을 제시하며, 현장의 필요에 응답하는 연구, 나눔과 성장이 있는 연수, 왜곡된 교육을 변혁하는 운동을 통해 하나님의 교육이 가득한 세상을 이루어 갑니다. 이를 위해 기독교대안학교의 성장과 성숙, 기독교사립학교의 회복과 갱신, 공교육에 기독교적 대안 제시, 교육 회복의 주체인 기독학부모 세우기, 가정과 학교를 연계하는 교회교육의 모색 등의 사역을 감당하고 있습니다.

기독교학교교육연구신서 12

기독교학교의 공공성

Publicity of the Christian Schools

기독교학교교육연구소 기획
박상진·장신근·강영택·김재웅 지음

예영커뮤니케이션

기독교학교는 개인이나 교회, 단체가 기독교 정신에 입각하여 설립한 학교를 말한다. 공교육 체계 안의 사립학교의 형태를 띠고 있는 소위 미션스쿨과 대안학교나 특성화 학교로 인가 받은 기독교학교, 그리고 미인가 상태로 기독교교육을 감당하고 있는 기독교대안학교들이 모두 넓은 의미의 기독교학교 범주에 포함된다. 이들 학교들은 기본적으로 독특한 설립정신을 강조하며 설립자의 기독교적 교육관의 구현을 학교 존재 의의로 생각하고 있으며, 이러한 건학이념을 구현하기 위한 자율성이야말로 학교의 존립 기반이라고 생각한다. 그렇기 때문에 기독교학교들은 일제 식민지 시기, 총독부의 기독교학교 통제정책은 물론 1974년부터 시행된 고교평준화 정책을 비롯해 기독교학교의 자율성을 제한하는 여러 가지 조치들에 대해서는 기본적으로 항거하고 저항하는 성향을 띠게 된다. 1885년, 우리나라에 처음 기독교학교가 설립된 이래 지금까지의 기독교학교의 역사는 자율성 확보를 위한 저항의 역사였다고 보아도 무방할 것이다.

그런데 과연 기독교학교는 자율성만 강조하면 되는 것인가? 기독교학교는 어떤 공공성을 띠어야 하는가? 기독교학교의 공적 책임은 무엇인가? 최근 공공성에 대한 관심이 높아지면서 기독교학교의 공공성에 대한 다양한 질문이 제기되고 있다. 더욱이 학문에 있어서도 공공성은 중요한 이슈로 대두되고 있으며 신학 분야에서는 공공신학 또는 공적신학의 등장으로 교회의 공공성이 재조명되고 있는데, 이러한 흐름은 기독교학교의 공공성에 대한 물음을 제기하고 있다. 기독교학교는 설립됨과 동시에 어떤 형태로든 공공성을 띨 수밖에 없고, 공적 책임을 지닐 수밖에 없다. 기독교학교는 두 가지 언어의 합성어인데 '기독교'가 보다 자율성을 강조하는 측면을 갖는다면 '학교'는 보다 공공성을 강조하는 경향이 있다. 기독교 신앙을 전수하기 위해서는 자율성이 요청되고, 그럼에도 불구하고 학교로서 이 사회 속에서 공적 역할을 수행하여야 하는 것이다. 그러나 좀 더 깊이 들여다보면 '기독교'도 개인구원만을 강조하는 것이 아니라 '하나님 나라'를 추구하는 공적 가치를 중요시하고 있다. 그런 의미에서 기독교학교는 기독교인들만 그 정체성과 가치에 공감하는 것이 아니라 일반인들도 공감할 수 있도록 보다 공공성을 강조하고, 또 이를 공적 언어로 설명할 필요가 있다.

이 책은 우리나라에서 기독교학교의 공공성에 관해 본격적으로 논의한 최초의 책이라고 할 수 있으며, 기독교학교의 공공성에 대한 논의의 문을 여는 역할을 하게 될 것이다. 향후 계속해서 기독교학교의 공공성에 대한 토론이 이어지기를 기대한다.

귀한 글을 써 주신 네 분의 필자들에게 깊은 감사를 드린다. 우리나라 사회 속에서 기독교학교가 어떤 역할을 감당해야 할지를 고민하는 모든 분들에게 이 책의 일독을 권한다. 특히 기독교학교에 몸담고 있는 모든 교사, 학부모, 그리고 기독교교육학도들이 이 책을 읽고 서로 진지한 대화를 나눌 수 있기를 바란다. 그래서 우리나라의 기독교학교들이 진정한 의미에서 '기독교적 공공성'을 지니는 학교가 되기를 소망한다.

필진을 대표해서
기독교학교교육연구소 소장 박상진

차례

머리말 · 5

1장 기독교학교의 공공성에 대한 신학적 논의: 공공신학적 관점과의 대화

2장 기독교대안학교의 공공성

1장
기독교학교의 공공성에 대한 신학적 논의: 공공신학적 관점과의 대화

장신근 교수(장로회신학대학교 기독교교육학)

1장 기독교학교의 공공성에 대한 신학적 논의: 공공신학적 관점과의 대화[1]

Ⅰ. 들어가는 말

본 글은 기독교학교의 공공성 또는 공적 책임과 관련하여 다음과 같은 질문에 대한 답변을 시도하려고 한다.

- 오늘의 현실에서 기독교학교가 직면한 도전들은 무엇인가?
- 공공성이란 무엇인가?
- 교육과 학교 차원에서 공공성은 무엇인가? 또는 이들의 공적 책임은 무엇인가?
- 성서적, 신학적 차원에서 공공성이란 무엇이며, 어떠한 유형이 있는가?
- 20세기 기독교교육학자들에게 있어서 기독교학교의 공공성 이해는 어떠한 신학에 기초하고 있는가?

---

1 본 글은 2013년 11월 16일(토) 기독교학교교육연구소에서 〈기독교학교와 공공성〉을 주제로 개최한 학술대회에서 발표하였으며, 이후 『선교와 신학』 통권 33호(2014. 2), 273~313에 같은 제목으로 요약하여 게재한 것을 최종적으로 다듬어 이 책에 옮기게 되었음을 밝힌다.

- 오늘날 기독교학교의 공공성 논의에 포함되어야 할 주제들은 무엇이며, 이와 연관하여 어떠한 신학과 대화를 시도해야 하는가?

본 글은 이상의 질문들을 고려하는 가운데 오늘의 상황에서 기독교학교가 공공성을 추구하고, 공적 책임을 바르게 수행하기 위하여 풀어야 할 과제가 무엇인지를 살펴보고, 이를 위한 신학적 기초를 제안하려고 한다. 여기에서 사용되는 공공성이라는 개념은 기술적(descriptive) 차원과 규범적(normative) 차원 모두를 포함한다. 따라서 공공성이 무엇이며, 어떠한 공공성이 추구되어야 하는가를 모두 다룬다. 이를 위하여 먼저 학교의 공공성에 대한 논의를 공공성의 개념, 학교의 공공성, 사립학교로서 기독교학교의 공공성 등으로 나누어서 살펴본다. 다음으로 성서, 교회사, 신학의 역사에서 나타나는 공공성의 유형을 1) 정의롭고 평등한 공동 삶의 형성 차원, 2) 현실 개혁적 차원, 3) 변증적이며 대화적 차원 등으로 분류하여 고찰해 본다. 이어서 기독교교육 신학적 차원에서 20세기의 대표적인 기독교교육학자 또는 종교교육학자들의 공공성 이해와 그 신학적 기초를 논의한 후에, 오늘의 상황에서 기독교학교의 공적 책임 수행과 관련된 주요 주제들과 이를 위한 신학적 기초를 공공신학과의 대화를 통하여 제안한다.

II. 교육의 공공성과 기독교학교의 공공성

기독교학교의 공공성이란 무엇인지 이해하기 위한 사전 작업으로 공공성에 대한 사전적 정의와 공공성에 대한 논의의 세 가지 차원을 살펴보고, 이어서 교육의 공공성과 사립학교로서 기독교학교의 공공성이 지닌 특성에 대하여 살펴본다.

1. 공공성의 개념과 유형

사전적 의미에서 공공성이라는 개념 속에는 다음과 같이 구분되는 세 가지 내용이 들어 있다.[2]

첫째, 국가와 관계된 공적인 것(official)으로, 국가가 법과 정책 등에 근거하여 국민에 대하여 행하는 활동의 특성과 연관되어 있다. 그러나 이러한 의미의 공공성은 규범적이라기보다는 주로 서술적으로 사용되며(공공사업, 공공 투자, 공적 자금, 공교육, 공안 등), 때로 국가권력에 의하여 강제되거나 강요되는 모습을 지니기도 한다. 이러한 경우 공공성은 관제용어로 부정적인 의미를 내포한다. 그러나 1990년대 이후 국가가 공공성을 독점하는 것을 비판하는 주민운동 또는 비정부조직(NGO) 등의 민간 차원 운동의 등장과 함께 공공성이라는 개념은 점차 긍정적인 의미로 사용되기 시작하였다.

둘째, 특정한 개인이 아닌 모든 사람에 관계된 공통의 것(common)으로 "공통의 이익, 재산, 모두에게 타당한 규범, 공통의 관심사" 등을 뜻하며, 공공복지, 공익, 공공질서 등의 용어가 여기에 해당한다. 이러한 의미의 공공성은 "특정한 이해관계에 치우치지 않고 공정하다는 긍정적인 의미를 가진 반면, 권리의 제한이나 인내를 요구하는 집합적인 힘 혹은 개성의 신장을 억압하는 불특정한 다수의 압력이 있음을 함축하기도 한

---

2 나병현, "공교육의 의미와 교육의 공공성 문제," 『한국철학』 제29집(2002. 2), 551~53.

다."[3]

셋째, 누구에게나 개방되어 있는 것(open)으로, 어떤 사람의 접근도 거부되지 않는 공간이나 정보를 뜻한다. 이는 비밀, 프라이버시와 같은 용어와 대조를 이루는 정보 공개, 공원 등의 용어와 연관되어 있다.

이상의 세 가지 의미는 상호 갈등을 일으킬 수도 있는데, 이는 '공공성'이라는 단어가 "사실을 기술하는 서술적인 의미와 가치로서 추구되는 규범적인 의미" 모두를 지니고 있기 때문이다. 따라서 앞에서 언급한 것처럼 본 연구에서는 공공성의 개념을 논의할 때 기술적인 차원과 동시에 규범적인 차원을 모두 포괄한다.

공공성에 대한 논의는 또한 논의의 지평에 따라서 보통 다음의 세 가지 차원에서 이루어진다.

첫째, 사회구조나 사회체계 또는 사회 영역의 차원에서 이루어지는 거시적 논의이다. 여기에서는 공공성이 "공공 영역"이라는 개념으로 나타나며 권력과 헤게모니에 대한 분석이 주로 이루어진다.

둘째, 공론(담론)이라는 관점에서 이루어지는 공공성 논의이다. 주로 위르겐 하버마스(Jürgen Habermas, 1929~)의 의사소통이론과 연관되어 있는 공공성에 대한 논의이다.

셋째, 타인을 배려하는 마음과 실천으로 나타나는 공공의식이라는 관점에서 이루어지는 논의이다. 이는 주로 시민교육의 목표와 깊이 연관되어 있다.[4]

본 글에서는 주로 세 번째의 논의에 강조점을 두지만 이를 위하여 첫 번째와 두 번째의 차원의 논의도 직·간접적으로 다룬다. 즉, 학교의 공

---

3 나병현, "공교육의 의미와 교육의 공공성 문제," 552.
4 장영호, "상식과 공공성 개념에 기초한 민주시민교육 방안," 『한국 민주시민 교육학회보』, 12:1(2007), 62.

공성이라는 문제는 단순히 공공의식의 형성이라는 차원으로만 해결될 수 없는 보다 넓은 지평을 포함하고 있기에, 사회체계 또는 사회 영역과 공론의 차원도 반드시 포괄할 필요가 있다는 것이다.

2. 교육의 공공성

교육의 공공성에 대한 논의는 1) 교육의 본질 또는 교육 그 자체의 성격에 기초한 접근, 2) 교육이 이루어지는 과정에 기초한 접근, 3) 교육의 목적 혹은 목표에 기초한 접근 등으로 나누어서 생각해 볼 수 있다.

첫째, 교육의 공공성을 교육의 본질 또는 교육 그 자체의 성격과 관련된 것으로 보는 경우이다.[5] 이와 관련하여 두 가지 입장이 존재한다. 먼저 교육은 본래 공적인 성격을 지닐 수밖에 없으며 어떤 형태로 운영되든지 공교육일 수밖에 없다고 보는 견해가 있다. 그 이유는 교육이 사회적 성격을 가지고 있기에 공적이며, 동시에 교육의 혜택이 당사자뿐 아니라 사회 전체에 파급된다는 맥락에서 공적이라는 것이다. 그러나 이 입장은 교육을 지나치게 추상적인 차원에서 인식하고 현실성을 도외시한다는 점에서 비판을 받는다.

다음으로, 교육을 비배제성과 비경합성을 지닌 공공재로 보는 입장이다. 여기에서는 교육을 통하여 습득되는 지식을 공유할수록 그 가치가 증가되는 특성을 지닌 공공재라고 인식한다. 하지만 반대로 교육을 사적 재화와 공공재의 성격을 동시에 가진 준공공재(quasi~public goods)로 보는 입장도 존재한다. 교육을 공공재로 보는 입장은 비록 교육이 생존에 필수적

---

5 이종태, "교육의 공공성 개념의 재검토: 공공성 논쟁의 분석과 개념의 명료화를 위한 논의," 『한국교육』 33:3(2006), 21.

이긴 하지만 "현실적인 존재 양태 그 자체를 일반적인 의미의 공공재"로 보기는 어렵다고 할 수 있다. 따라서 이처럼 교육의 공공성을 교육의 본질적 속성에서 찾으려는 시도는 매우 제한적인 의미를 지니고 있다.

둘째, 교육이 이루어지는 과정과 관련된 공공성 논의이다.[6] 즉, 교육이 이루어지는 과정이 공공의 원칙에 부합해야 한다는 것이다. 교육이 공공재는 아니라 하더라도 모두의 생존을 위해 반드시 필요하다는 점에서 교육의 기회 균등과 평등교육이 허용되어야 한다는 것이다. 그런데 이러한 기회 균등은 단순히 법에 의한 허용을 넘어서 누구나 생존에 필요한 기본 교육을 위한 경제적 · 물리적 여건을 마련해 주어야 한다는 것을 뜻하며 이를 위하여 국가의 개입이 필요하다고 본다. 그러나 이러한 입장은 국가의 적극적 개입이 오히려 교육의 획일화, 특정 권력 편향성 등으로 치우칠 수 있다는 비판을 받는다.

셋째, 교육의 목적 혹은 목표를 기준으로 교육의 공공성을 논하는 경우이다.[7] 예를 들어 공공성을 지향하는 교육은 "공적으로 행위할 수 있고, 말할 수 있고, 사유할 수 있는 인간을 기르는 교육"이라고 보는 것이다. 이러한 종류의 인간은 단지 의식주의 문제만이 아니라 삶의 이유에 대하여 그리고 "자신의 사적인 이익만이 아니라 지구를 포함하여 타자의 존재에 진정으로 관심을 갖는 능력"을 지닌 인간을 지칭한다.

이상의 정의에 의하면 교육은 분배되어야 할 어떠한 재화나 제도가 아니라 바람직한 세계 또는 인간을 구현하고 양육하기 위한 인간 행위나 실천으로 간주된다. 다른 말로 표현하자면, 교육의 공공성은 "공동체 형

6　이종태, "교육의 공공성 개념의 재검토: 공공성 논쟁의 분석과 개념의 명료화를 위한 논의," 22.

7　이종태, "교육의 공공성 개념의 재검토: 공공성 논쟁의 분석과 개념의 명료화를 위한 논의," 22~23.

성에 기여하는 교육"에서 발견할 수 있다는 것이다. 그러나 교육을 통하여 공동체를 형성하기 위해서는 공통 교육과정과 같은 획일적인 교육이 아니라 차이, 자율, 평등 같은 조건이 구비되어야 함을 인식해야 한다. "각자의 고유한 특성을 충분히 인정하고 각자의 자유로운 의지에 따라 자신에게 필요한 교육을 받을 수 있도록 하되 그 접근 기회가 공평해야 하며 그 결과 또한 과도하게 편향되지 않을 수 있어야 비로소 진정한 공동체가 형성될 수 있다"는 것이다.[8] 다원주의적 문화, 가치관, 삶의 방식이 공존하는 오늘의 포스트모던적 상황에서 교육의 공공성을 논의할 때 우리는 이와 같이 차이, 자율, 평등과 같은 것들에 특별히 주의를 기울여야 할 것이다.

3. 사립학교로서 기독교학교의 공공성

기독교학교는 설립 주체에 따라서 국·공립학교와 대비되는 사립학교에 해당한다. 국가와 공공단체가 설립하고 경영하는 국공립학교와 대비되는 사립학교는 "법인 또는 사인(私人)이 설립하여 경영하는 학교"를 지칭하는데 'private school, independent school', 'fee~paying school', 'non~public school, commercial school' 등의 다양한 명칭으로 정의되고 있다.[9] 그런데 사립학교의 존재에 대하여 찬성과 반대의 입장이 있다. 사립학교에 대한 반대론자들은 사립학교가 "공공이익과는 관계없는, 혹은 적대적일 수 있는 이익을 조장하고, 교육제도의 조화로운 운영과 국민적인 통합을 저해하며, 사회계층 간 불평등과 교육기관 간 계층화를 유발

---

8 이종태, "교육의 공공성 개념의 재검토: 공공성 논쟁의 분석과 개념의 명료화를 위한 논의," 23.
9 나민주, "사립학교," 『교육학대백과사전 2』, 1365.

하고, 국가의 책무성을 위협하며, 교육의 질 관리를 어렵게 할 수 있다"
고 주장한다.[10] 반면에 찬성론자들은 다양성, 선택권, 혁신, 경쟁, 자유,
자율성, 다원주의 공익성 등을 강조한다. 이들은 "사적 관심과 이익을 추
구하는 것은 교육활동의 기본적인 속성이고, 시민의 기본 권리의 하나이
며, 교육 공급과 관련된 정부 실패(government failure)의 관점에서 볼 때도
사립학교가 필요하다고 본다."[11] 그렇다면 좀 더 구체적으로 사립학교의
존재 의의는 무엇인가?[12]

첫째, 다양한 가치관과 능력을 지닌 사람들이 조화와 균형을 이루며
살아가는 오늘의 개방사회에서 교육은 다양성을 보전하고 조장하는 역
할을 감당해야 한다. 그런데 공교육만으로는 이러한 역할을 감당하는 데
한계가 있기에 사립학교가 필요하다. 즉, 사립학교는 공교육만으로는 불
가능한 오늘날의 다양하고 이질적인 교육 수요를 효율적으로 충족시켜
나갈 수 있다는 것이다.

둘째, 공립학교는 교수방법과 학교 운영에 있어서 동등한 교육을 제
공해야 한다는 제약으로 인하여, 또한 관료화와 경직화로 인하여 새로운
개혁과 개선을 시도함에 있어서 어려움이 많다. 하지만 사립학교는 "학
교 경영자나 교사의 의지에 따라 진보적이고, 효율적인 교육체제 및 교
육 운영방식을 개발·적용하는 데 선도적 역할을 담당할 수 있다.

셋째, 공립학교는 제한된 수용 능력, 한정된 교육 재원을 가지고 있다.
학교 설립을 위한 재원과 학교 운영비 등은 전적으로 공교육의 재원에만
의존할 수 없다. 이러한 상황에서 사립학교는 교육 기회를 확충하고, 국
가 발전에 필요한 인력 양성에 기여하는 역할을 한다는 것이다. 이러한

---

10 나민주, "사립학교," 『교육학대백과사전 2』, 1366.
11 나민주, "사립학교," 『교육학대백과사전 2』, 1366.
12 나민주, "사립학교," 『교육학대백과사전 2』, 1366.

맥락에서 근대 이후 사립학교는 공교육제도의 일환으로 운영되고 있으며 공교육과 상호보완적인 관계 속에 존재한다.

사립학교로서 기독교학교의 존재 역시 이러한 사립학교에 대한 찬반의 두 가지 입장과 밀접하게 관련되어 있다. 한편으로 기독교학교는 반대론자들로부터 종파성과 독특성으로 인하여 공공의 이익에 반하며, 교육제도의 조화로운 운영을 방해하며, 국민 통합에 걸림돌이 되며, 사회 계층의 불평등과 교육기관 사이의 계층화를 조장하며, 국가 책무성을 위협하고, 교육의 질 관리를 어렵게 만든다는 비난에 직면할 수 있다. 비판의 대상이 되는 이러한 것들은 사립학교로서 기독교학교가 직면할 수 있는 다양한 종류의 위험으로, 반드시 경계해야 할 사항이며 공공성에 반하는 내용들이다.

그러나 다른 한편으로, 찬성론자들의 입장에 의하면, 사립학교로서의 기독교학교는 공공성 또는 공적 책임 수행에 다음과 같이 긍정적으로 기여할 수 있다. 즉, 기독교학교는 다양성, 선택권, 혁신, 경쟁, 자유, 자율성, 다원주의 공익성에 긍정적으로 기여할 수 있다. 더 나아가 기독교학교는 긍정적인 차원에서 다양한 교육 수요를 효율적으로 충족시켜 나갈 수 있으며, 진보적이고, 효율적인 교육체제 및 교육 운영방식을 개발·적용할 수 있으며, 교육 수용과 교육 재원에 있어서 제한성을 지닌 공교육에 대하여 교육기회의 확충과 국가 발전에 필요한 인력 양성에 기여할 수 있다는 것이다.

이상 찬반의 내용을 기초로 사립학교로서 기독교학교가 지향해야 할 공공성 또는 공적 책임과 관련된 과제를 정리해 보면 다음과 같다.

1) 사회계층의 다양한 갈등과 불평등 해소를 통한 국민 통합의 과제

기독교학교는 교육을 통하여 직·간접적으로 국민들 사이에서 일어나는 다양한 종류의 정치·경제·사회·문화적 갈등과 분열을 해소해 나가고, 평등한 교육을 지향함으로써 국민을 통합해 나가는 과제에 기여해야 한다.

2) 국가의 공교육에 대한 올바른 책무성을 일깨우는 과제

앞에서 본 것처럼 국가와 관계된 공적인 것(official)으로, 국가가 법과 정책 등에 근거하여 국민에 대하여 행하는 활동의 특성을 뜻하는 것과 연관된 공공성이 있다. 이러한 공공성의 맥락에서 기독교학교는 국가가 교육과 관련하여 법과 정책을 통하여 공공성을 수행해 나가도록 도전을 주고 목소리를 낼 의무가 있다.

3) (학교)교육의 다양성, 자율성, 혁신을 위한 과제

기독교학교는 획일적이고, 권위주의적이며, 관료주의적인 교육체제와 교육방법을 개혁하여 다양성, 자율성, 혁신에 기초한 교육을 실천해 나감으로써 (학교)교육의 창조적 발전에 기여해야 한다.

4) 국민의 교육기회 확대를 통한 인재 양성의 과제

기독교학교는 국공립 교육이 재원의 부족으로 인하여 제대로 제공하지 못하는 교육의 기회를 국민에게 부여함으로써 사회가 필요로 하는 다양한 인재를 양성해 나가야 한다.

5) 다원주의 공익성에 기여하는 과제

기독교학교는 분명한 기독교적 정체성 위에 서서, 오늘의 다원주의적

상황에서 기인하는 다양한 욕구와 가치들을 존중하는 가운데 공공의 이익을 지향하는 교육을 해야 한다.

Ⅲ. 성서, 신학, 교회사 전통에 나타나는 공공성

기독교학교의 공공성과 관련된 다양한 과제들과 연관하여 이에 대한 성서적, 신학적 기초를 세워 나가기 위해서는 먼저 성서와 신학 및 교회의 역사에서 나타나는 공공성의 개념에 대한 검토를 필요로 한다. 더 다양한 차원의 공공성 개념들이 존재할 수 있으나 여기에서는 성서와 신학 및 교회의 역사에서 나타나는 공공성의 개념을 1) 정의롭고 평등한 공동의 삶의 형성 차원, 2) 현실 개혁적 차원, 3) 변증적이며 대화적 차원 등 가장 핵심적인 세 가지 차원으로 분류하여 살펴본다.

1. 정의롭고 평등한 공동의 삶 형성 차원

창세기의 천지창조는 하나님께서 정의롭고 평등한 공동의 삶을 살아가는 공적인 영역을 만드신 사건이다. 즉, 하나님은 6일간 천지를 만드시고, 그곳에 인간, 동물, 식물을 창조하셔서 모든 만물이 살아갈 수 있는 "보편적이고 공적인 영역," 즉, 창조의 세계를 만드셨다. 하나님의 창조는 이 세상에 살아 있는 모든 존재를 위한 "공공의 영역"이다.[13] 따라서 인간은 이것을 마음대로 점령하거나 파괴해서는 안 된다. "하나님의 개

---

13 손규태, 『하나님 나라와 공공성: 그리스도교 사회윤리 개론』(서울: 대한기독교서회, 2010), 163.

벽(開闢)의 영역인 창조의 세계는 만물을 위한 열려 있는 하늘이고 열려 있는 땅이다. 이 열린 공간으로서 창조세계는 누구에게나 허락된 공간이며, 따라서 특정한 인간이나 집단이나 국가에 의해서 차단되거나 독점될 수 없다. 창조된 세상은 모든 사람을 위한 공공성의 장, 공익의 장이다."[14] 또한 "하나님의 형상(imago Dei)"은 모든 피조물이 공유하는 신적인 본체인데 "그 내용은 사적인 것, 어떤 숨겨진 것, 어떤 접근 불가능한 것, 어떤 특권적인 것이 아니라 모든 생물이 공유하고 있는 것, 드러나 있는 것, 접근 가능한 것, 보편적인 것"을 지칭한다.[15] 따라서 하나님의 천지창조 사건에서부터 우리는 모두가 더불어 살아가는 보편적인 공동의 삶을 지향하는 공공성의 근본적인 원리를 발견할 수 있다.

모세오경에 있는 십계명에는 정의롭고 평등한 공동의 삶을 지향하는 공공성의 개념이 잘 드러난다. 십계명에는 하나님과의 올바른 관계와 그 결과로 나타나는 이웃과의 바른 관계가 함께 나타난다. 십계명의 이러한 이중적 구조는 수직적 차원과 수평적 차원 모두를 포괄한다. 수직적 차원은 이웃과의 관계로 나타나는 공공성의 근간을 이루며, 반대로 이웃과의 수평적인 관계는 그 열매로 나타나는 것이다. 그 가운데 수평적 차원을 다루는 5~10계명은 근본적으로는 인간의 본성을 통제하기 위하여 주어진 것이지만, 개인적 차원의 덕목을 넘어서서 정의롭고 평등한 공동체의 형성, 번영, 소명을 위하여 주어진 것이다. 즉, 부모 공경, 살인, 간음, 도둑질, 거짓증거, 이웃의 재물 등에 관한 계명들은 개인적 차원의 도덕일 뿐 아니라 공동체 전체의 선에 심각한 영향을 끼치는 것으로 간주되었다는 것이다. 따라서 그 처벌도 엄격하게 내려졌다.

---

14 손규태, 『하나님 나라와 공공성: 그리스도교 사회윤리 개론』, 163~64.
15 손규태, 『하나님 나라와 공공성: 그리스도교 사회윤리 개론』, 164~65.

"십계명은 본질적으로 개인의 삶의 원칙을 제시하지만, 그 적용 범위를 보아 궁극적으로 공동체 전체의 행복이라는 공공영역과 맞닿아 있다. 그러므로 구약 학자들이 도덕법으로 분류하는 십계명은 사실 고대 이스라엘 사회에서는 결국 시민법의 또 다른 영역이었음을 알 수 있다."[16]

십계명의 공공성은 따라서 개인적 차원의 도덕법과 동시에 정의롭고 평등한 공동체적 차원의 시민법이 함께 만나는 자리로서의 공공성을 제시한다.

바울서신에는 그리스도의 몸으로서의 공동체가 나타나는데(고전 12:12~27), 이러한 공동체들은 바울의 선교 결과로 만들어진 각 지역의 신앙 공동체였다. 이러한 공동체들은 유대인, 헬라인, 이방인 등 다양한 인종적 · 문화적 · 사회적 배경을 지닌 사람들의 모임이었다. 따라서 공동체 내에서는 다양한 문제와 갈등이 발생하였고, 바울은 그리스도의 몸이라는 개념을 통하여 이러한 차이와 계급을 초월한 공동체를 형성하기 위하여 노력하였다. 이러한 공동체는 구약에 나타나는 출애굽 공동체로서의 이스라엘 공동체처럼 예수 그리스도의 새로운 계명에 기초한 정의롭고, 평등한 공동체를 지향하였다.

신약학자 게르트 타이센(Gerd Theissen, 1943~)에 의하면 원시 기독교는 다음의 세 가지를 통하여 유대교의 한 종파에 머물지 않고 역동성을 지닌 새로운 종교로 발전하게 되었다고 주장한다. 1) 세계경험: 변화의 과정을 중시하는 역동적 세계관을 가능케 하는 힘, 2) 자아와의 일치: 인간의 내적 조건에 상응하는 힘, 3) 다른 사람들과의 일치: 공동사회를 만드

---

16 이윤경, "구약성서에 나타난 공공신학," 임성빈 외, 『공공신학』(서울: 예영커뮤니케이션, 2009), 37.

는 힘 등이다. 이 가운데 정의롭고 평등한 공동의 삶을 창조하는 공공성의 개념과 관련하여 세 번째 차원을 주목할 필요가 있다. 즉, 유대교 갱신 운동으로 출발했던 원시 기독교가 새로운 종교로 발전해 나갈 수 있었던 것은 다음과 같은 이유로 가능했다는 것이다. "이 새로운 종교는 문화적 경계와 국가적 경계를 넘어 사람들을 통합시켰다. 또한 모든 사람의 합의로 보이는 것이 갑작스럽게 출현하였다는 인상을 강화시켰다."[17] 다시 말하자면, 원시 기독교는 문화적·국가적 경계를 넘어서며, 사람들이 지닌 보편적 확신에 상응하는 정의롭고, 평등한 공동체를 지향했다는 것이다. 이처럼 우리는 원시 기독교에서 정의롭고, 평등한 공동체를 형성하는 공공성의 차원을 발견할 수 있다.

정의롭고 평등한 공동의 삶을 창조해 나가는 전통은 기독교의 역사에서 수도원 전통을 통하여 이어져 왔다. 특히 베네딕트(Benedict, 480~547) 같은 경우가 여기에 해당한다. 그는 수도생활을 위한 규율, 즉 베네딕트 규율(St. Benedicts's Rule)을 정하여 시민사회(civil society)의 연대성이 붕괴되어 가는 당시 중세의 상황에서 성서적인 공동의 삶을 회복해 나가는 데 지대한 공헌을 하였다. 이러한 규율은 당시의 그리스도인들이 사막의 수도자들처럼 세상을 떠난 장소에서 고립되어 살지 않고, 세상 속에서 성서적 공동체를 이루어서 그리스도의 제자로서의 삶을 살아가고, 사회의 소외된 사람들을 돌보는 일을 감당하도록 만들었다. 특히 베네딕트의 규율은 사람들로 하여금 일상적인 성경공부, 기도, 묵상, 노동, 이웃 섬김의 삶을 통하여 당시의 급변하고 무상한 삶의 상황에 대안적인 형태의 안정감을 제공하는 역할을 감당하였다.[18]

---

17 Gerd Theissen, *Religion der ersten Christen: eine Theorie des Urchristentums*, 박찬웅, 민경식 역, 『기독교의 탄생』(서울: 대한기독교서회, 2009), 542.

18 Elaine Graham et. al. eds., *Theological Reflection: Methods*(London: SCM Press, 2005),

또 다른 실례는 12세기의 베긴 공동체(The Beguines)이다. 이 공동체는 십자군 전쟁으로 미망인이 된 여성들과 전쟁으로 인하여 남성들이 부족한 상황에서 늘어난 독신 여성들로 구성되어 있었다. 이들은 그리스도를 향한 헌신과 기도 그리고 사회에서의 봉사 등을 강조하였다. 이들은 "vita apostolica(사도의 길)"라는 구호 아래 함께 공동생활을 하거나, 가정을 떠나지 않고 세속의 상황에서 살면서 뜻을 같이하는 여성들로 구성되어 있었다. 이들은 세속에서의 삶을 중요시하였는데, 결혼, 서원, 규율 준수 등에 얽매이지 않았고, 세상 속에서 설교하고, 가르치고, 전도하고, 치유하고, 봉사하는 활동들에 몰두하였다.[19]

20세기에 들어와서 정의롭고 평등한 공동의 삶 형성의 전통은 디트리히 본회퍼(Dietrich Bonhöffer, 1906~1945)에게서 나타난다. 그는 자신의 저서 『신도의 공동생활』에서 공동체신학을 통하여 1930년대와 40년대에 나치의 제3제국에 대하여 저항하지 않고 협조적 태도를 보였던 자유주의신학에 대하여 급진적인 기독교적 대안을 제시한다.[20] 이 책에서 본회퍼는 하나님의 은혜에 철저하게 의존하는 공동체의 삶의 방식을 제시한다. 하나님의 은혜에 철저하게 의존하는 공동체의 구성원들은 기도, 독서, 노동, 식사, 고독, 침묵, 묵상, 경청, 다른 이의 짐을 함께 지기, 죄의 고백 등을 통하여 바울의 은유처럼 그리스도에 속하고, 그 안에 거하고, 그의 몸이 된다. 모든 구성원들은 몸 전체에 긍정적으로 또한 부정적으로 기여한다. 공동체는 상호의존 관계 속에 존재하면서 약한 자들을 사슬로 묶어 준다.

113~16.

19 Graham et. al. eds., *Theological Reflections: Methods*, 116~18.

20 Dietrich Bonhöffer, *Gemeinsames Leben*, 정지련, 손규태 역, 『신도의 공동생활 · 성서의 기도서』(서울: 대한기독교서회, 2010).

이상과 같이 우리는 창세기의 창조기사, 모세오경의 십계명에 기초한 계약 공동체, 바울 서신에서 나타나는 그리스도의 몸으로서의 교회 공동체, 베네딕트 수도원 공동체, 베긴 공동체, 그리고 본회퍼가 제시하는 공동체 등을 통하여 정의롭고 평등한 공동의 삶을 형성하는 차원과 관련된 공공성의 실례를 잘 볼 수 있다. 여기에서 공공성은 공동체의 모든 구성원이 하나님의 창조원리에 기초하여 소유, 계급, 권력, 남녀노소 등의 차이에 의하여 차별당하거나 소외되지 않고 정의롭고 평등하게 더불어 살아가는 모습에서 실현되는 것으로 이해된다.

2. 현실 개혁적 차원

성서적, 신학적 전통에 나타나는 공공성의 사회 개혁적 기능은 불의하고 불평등한 정치, 종교, 사회적 현실을 정의로운 사회로 개혁하는 차원과 연관되어 있다. 이는 출애굽 공동체로 형성된 이스라엘의 근간인 율법이 점차 형식화되고 화석화되어 갈 때 이를 깨뜨리고 새로운 대안적 현실을 제시하는 예언적 기능을 지칭한다. 예언서는 이러한 공공성과 깊은 관련성을 지닌 책이다. 예언자들은 미래를 미리 예측해 내는 능력을 지닌 자(預言者)들이라기보다는 하나님의 말씀을 맡은 자(豫言者)들로 이를 백성들에게 전하는 자들이었다. 이들은 개개인의 삶에 관여하기보다는 이스라엘 백성 전체를 향하여 하나님의 뜻을 전달하는 자들이었다. 예언자들은 국내외의 정세를 정확하게 인식하고 이를 신앙의 눈으로 분석하고 하나님의 뜻을 이스라엘 공동체 전체에게 제시하였다.

특히, 기원전 8세기에 활동했던 예언자들은 종교적인 삶을 개인과 공공의 영역을 동시에 포괄하는 것으로 간주하였다.[21] 아모스와 같은 경우는 사회정의와 하나님의 공의를 강력하게 부르짖었던 선지자였다. "아모스가 요구하는 선은 개인의 '착함'이 아니라, 공공의 선이다. 가난한 자를 긍휼히 여기며, 경제적인 공평을 추구하며, 정치적 억압을 제거하는 공적 선을 행사하는 것이 하나님의 백성, 특별히 권력을 가진 당시의 이스라엘 사회의 기득권층을 향한 아모스의 예언적 메시지였다."[22]

복음서에서 나타나는 예수님의 예언자적 사역은 묵시문학적인 하나님 나라의 빛 하(下)에서 수행된다. 하나님 나라는 지속적으로 세상의 정치, 종교적 통치, 즉, 로마제국의 통치와 기존의 유대교와는 대립되는 것으로 나타난다. 예수님의 하나님 나라 선포는 특히 기존의 종교적 질서인 유대교와 대립되며 이를 비판하고 전복하는 특징을 지니고 있었다. 당시의 죄인들은 종교적으로 유대교의 율법에 의하여, 즉, 화석화 된 "의(義) 이데올로기"에 의하여 정죄된 비주류에 속한 자들이었다. 이들은 사회적 기능, 즉 공공적 기능을 할 수 없는 존재들이었다. 예수님은 바리새인들의 의(義) 이데올로기를 파기하고, 죄인들을 하나님의 피조물로서 용납하고, 의롭다 하고, 연대하는 모습을 통하여 이들이 사회적·정치적·종교적 질서 속에서 공적인 삶을 영위할 수 있도록 하였다.[23]

예수님은 화석화 된 율법을 바탕으로 형성된 기존의 "유대적 삶의 공공성"에 대하여 하나님의 의에 기초하여 비판을 가한다. 그는 율법에 대한 새로운 이해를 통하여 새로운 삶의 틀을 제시하였다. 그리하여 "예수는 하나님 나라와 하나님의 의에 합당하지 않았던 죄인들을 하나님의 사

---

21 이윤경, "구약성서에 나타난 공공신학," 40.
22 이윤경, "구약성서에 나타난 공공신학," 40.
23 김호경, "하나님 나라의 공공성: 신약성서의 공공성," 임성빈 외, 『공공신학』(서울:예영커뮤니케이션, 2009), 59.

랑을 받고 있는 자들로 확인시켜 줌으로써, 사회적 음지(陰地)에 있던 죄인을 공적인 양지(陽地)의 세계로 불러들인다."[24] 따라서 사회적, 종교적, 정치적 차원에서, 즉, 기존의 질서 하에서 비주류였던 죄인들, 가난한 자들, 병든 자들을 주류로 복원시켜서 이들이 공적인 사회적 기능을 수행할 수 있도록 하는 것이 예수님의 공공성의 핵심이었다.

구약의 예언서에 나타나는 현실 개혁적 차원의 공공성은, 19세기 후반 미국에서 일어난 사회복음 사상과 정치신학의 영향을 받은 남미의 해방신학에서 잘 드러난다. 사회복음 사상은 19세기 미국의 상황에서 당시의 진보주의적 신학과 자본주의의 여러 모순과 악에 대항하여 복음의 사회경제적 차원의 적용을 통한 변형을 강력하게 주장하였던 월터 라우쉔부쉬(Walter Rauschenbusch, 1861~1918)에 의하여 주창되었다. 그 이후 사회복음주의 운동으로 계승이 되었다.

남미의 해방신학은 1960년대 유럽의 정치신학(political theology)의 영향을 많이 받았다. 정치신학은 위르겐 몰트만(Jürgen Moltmann, 1926~), 요한 뱁티스트 메츠(Johann Baptist Metz, 1928~), 도로테 죌레(Dorothee Soelle, 1929~2003) 등에 의하여 주창되었다. 이들은 제2차 대전 당시 독일 교회와 신학이 복음을 지나치게 개인주의적으로 이해하고 지배 권력에 순응함으로써 자신들의 사명을 저버렸다(사사화)고 비판하면서 교회와 신학의 정치적 책임성을 강하게 주장하였다. 이러한 영향 하에 남미의 해방신학은 선진 자본주의에 대한 남미의 종속으로 인하여 생겨난 절대 가난, 정치적 억압, 구조화된 실업과 문맹의 상황에서 예언자 전통에 기초한 전인적 차원의 해방을 지향하였다. 해방신학자들은 영적인 차원을 넘

---

24 김호경, "하나님 나라의 공공성: 신약성서의 공공성," 61.

어서서 정치 · 경제적 차원까지도 포괄하는 해방을 역설하였다.[25]

이러한 신학들은 신학의 핵심 기능을 하나님의 말씀을 단순히 오늘의 언어와 사상으로 변증하고 대화하는 차원에 국한시키지 않고, 또한 신앙적 정체성을 지닌 그리스도인을 양육하는 자리로서의 교회 공동체 형성 차원을 넘어서서, 불의한 억압과 비인간화의 상황에서 굳어져 버린 율법주의와 현실을 깨뜨려서 변형시켜 나가는 것을 공공성의 가장 중요한 차원이라고 본다.

3. 변증적이며 대화적 차원

성서적, 신학적 전통에 나타나는 공공성의 변증적이며 대화적 차원은 세상을 향하여 기독교 신앙의 내용을 그 시대의 다양한 학문, 문화 전통, 이성에 기초하여 전달하는 차원과 연관되어 있다. 더 나아가 전달의 차원에 그치지 않고 이러한 대화를 통하여 공공의 선을 지향해 나가는 차원을 지칭한다.

역사서에서의 공공성에 대해서는 열왕기하 18:26~28의 본문을 월터 브루그만(Walter Brueggemann, 1933~)의 주석을 중심으로 살펴보고자 한다.[26]

본문은 주전 701년 이스라엘을 침략한 앗수르의 장군인 랍사게가 예루살렘 성 앞에서 이스라엘에게 항복을 요구하는 장면을 묘사하고 있다.

---

25   해방신학의 고전적인 저서로 다음을 참고할 것. Gustavo Gutiérrez, *A Theology of Libe-ration*, 정수복 역, 『해방신학: 역사와 정치의 구원』(왜관: 분도출판사, 1987).

26   Walter Brueggemann, "분파주의적인 해석학의 타당성," Mary Boys ed., *Education for Citizenship and Discipleship*, 김도일 역, 『제자직과 시민직을 위한 교육』(서울: 장로교출판사, 1999).

브루그만은 여기에서 두 가지의 대화가 이루어지고 있다고 설명한다. 첫 번째는 "성벽 위의 대화"인데 이는 랍사게와 힐기야의 아들들 사이에서 이루어지는 당시의 국제적 통용어인 아람어로 이루어지는 대화이다. 두 번째는 "성벽 안의 대화"인데 이는 예루살렘 성 안에서 이스라엘 백성들과 히스기야 왕, 이사야 등이 사용하는 모국어인 히브리어를 통한 대화이다.

브루그만은 이상의 두 가지 대화의 은유를 사용하면서 기독교교육은 이러한 두 가지 언어를 동시에 사용할 수 있는 능력을 양육해야 함을 주장한다. 후자는 이스라엘 신앙 공동체에서 사용되는 모국어로서, 기독교교육은 먼저 그리스도인들에게 성경에 기초한 신앙적 언어를 잘 구사할 수 있도록 교육해야 한다는 것이다. 전자는 신앙 공동체 밖의 다원주의적인 공적 영역에서 사용되는 언어로서, 기독교교육은 그리스도인들이 이러한 공적 영역에서도 신앙적 정체성을 지님과 동시에 비그리스도인들과 합리성과 이성에 근거한 대화를 해 나갈 수 있는 능력을 양육해야 한다는 것이다. 전자가 제자직을 위한 언어라면 후자는 시민직을 위한 언어, 즉 공적 영역에서 사용 가능한 언어라는 것이다. 따라서 열왕기하 18:26~28에서 나타나는 공공성은 신앙 공동체의 언어와 공적인 언어 사이의 의사소통문제와 관련되어 있다. 이것은 '전자의 언어를 어떻게 후자의 언어로 번역해 내는가?'라는 과제와 연결되어 있다. 기독교 신앙의 내용을 오늘의 상황에서 세속의 사회를 향하여 이해 가능한 말, 개념, 이미지로 번역해 내는 이 일이야말로 사회와의 소통에서 어려움을 겪고 있는 오늘의 한국교회에서 양육되어야 할 중요한 능력이라고 할 수 있다.

욥기, 잠언, 전도서로 대표되는 지혜문학은 외형상으로 볼 때 처세술, 자기계발, 인간관계, 고난, 인내 등의 주제들을 개인적인 차원에서 교육하는 책으로 오해할 가능성이 많다. 모세오경과 예언서는 이스라엘 공동체 전체를 대상으로 하며, 지혜문학은 개인적인 청중을 향한 책인 것처럼 보인다. 그러나 지혜문학의 핵심인 지혜로운, 의로운 인간은 사적인 영역에 국한된 차원에서의 개인만을 뜻하는 것이 결코 아니다. 지혜문학이 비록 개인적 차원의 덕목과 인생의 중요한 주제들을 다루고 있지만 이것은 한 개인에게만 해당되는 것이 아니라 모든 인간과 관련된 문제라고 보는 것이다. 이러한 차원에서 "구약성서의 지혜문학은 지혜란 한 개인의 문제가 아니라 공교육의 문제임을 말하고 있다."[27]

지혜문학과 공공성의 관련성에 관하여 한 가지 더 고려할 사항이 있는데, 그것은 지혜문학이 인생의 다양한 문제를 다룸에 있어서 하나님의 창조질서인 이성을 중시하고 이를 활용한다는 것이다. 예를 들어 지혜문학은 이스라엘의 전승뿐 아니라 당시 고대 근동의 다른 나라에서 유행하던 지혜문학을 다양하게 도입하여 활용했다. 비록 그 이성의 궁극적 방향과 목적은 하나님이심을 가르치고 있지만 인간의 이성적 차원의 보편성을 인정하고 이를 적극 활용한다는 차원에서 지혜문학의 공공성이 지닌 또 다른 면모를 발견할 수 있다.

브루그만에 의하면 이스라엘의 지혜는 세계에 대한 책임적이고 이성적인 지식과 하나님에 대한 열정적인 신뢰를 서로 결합해 나가는 신앙의 중요한 양식이다. 지혜문학은 창조의 질서로 주어진 이성을 활용하여 이 세상을 이해하고 하나님의 뜻을 분별해 나가도록 한다. 계시로 주어진 것을 수용하는 정경의 교육과 전통이 화석화될 때 이를 깨뜨리는 예언서의 교육과는 달리 지혜문학의 교육은 우리가 아직은 다 알지 못하지만 주어진 이성과 경험을 통하여 이 세상에서 하나님의 뜻을 지속적으로 분

27　이윤경, "구약성서에 나타난 공공신학," 45.

별해 나가는 과정을 중시한다.[28]

사도행전 17장에서 바울은 당시 그레코-로만 종교, 문화, 철학의 중심지였던 아테네의 아레오바고(아크로폴리스)에서 에피쿠로스와 스토아 철학자들을 대상으로 복음을 전파하였다.[29] 여기에서 바울은 이방인들에게 당시에 보편적인 사상체계였던 헬라 철학의 개념과 수사학을 활용하여 복음을 전하였다. 그리하여 사도행전 17장에 나오는 바울의 설교는 "하나님에 대한 참된 지식에 관한 헬라주의적 설교"라는 별명을 가지고 있다.[30] 바울은 여기에서 이방인들도 하나님에 대한 전 이해(pre-understanding)를 가지고 있다는 것을 전제하고 있다(자연신학). "따라서 계몽에 의해 그리고 전 이해를 개발함으로써 유일신적인 하나님 개념에 도달할 것으로 보고 있다('알지 못하는 신')."[31] 여기에서 또한 우리는 바울이 헬라인 청중들을 고려하여 구약을 인용하지 않고 희랍시인 아라투스를 인용하였다는 사실을 알 수 있다.

바울서신에서도 사도행전과는 다른 맥락이지만 바울이 이방인들에게 복음을 전할 때 자연신학적 전통을 사용하는 것을 볼 수 있다. 성서학자들에 의하면 사도행전에 나타나는 바울의 설교는 일반적으로 누가의 사상이 반영되어 있는 것으로 인식되고 있다. 따라서 자연신학에 대해서도 사도행전 17장과 기타 바울서신들 사이에는 차이점이 존재한다.

28　Brueggemann, *The Creative Word: Canon as a Model for Biblical Education*, 강성열, 김도일 역, 『창조적인 말씀을 통한 기독교교육(개정판)』(서울: 한들출판사, 2011), 153.
29　김득중, 『사도행전 연구』(서울: 도서출판 나단, 1989), 79.
30　김득중, 『사도행전 연구』, 184.
31　김득중, 『사도행전 연구』, 184.

"로마서에서는 자연신학이 인간의 책임 소재를 밝히는 데 이용되고 도움을 줄 뿐 그 밖에는 아무 역할도 못한다. 그러나 사도행전에서는 자연신학이 높이 평가되고 있다. 선교적 설교에서는 거의 초보적인 신앙, 신앙의 첫걸음으로 생각되고 있다. 하나님께 대한 자연적 지식을 단지 순수하게 만들고 올바르게 다듬고 조금만 더 확대한다면 완전한 것이 되는 것으로 보고 있다."[32]

따라서 바울서신에서는 비록 인간의 죄성을 지적해 내는 부정적인 방식으로 사용되긴 했지만 자연신학적 전통이 사용되고 있다.

바울서신에서는 자연신학적 전통과 더불어 효과적인 복음의 전달을 위하여 그 시대의 사람들에게 친숙했던 수사학적 방법도 많이 활용되었다. 복음의 내용을 각 시대의 철학적인 사상과 수사학적 틀을 활용하여 이해 가능하도록 전하는 이러한 변증적, 대화적 전통은 바울 이후에도 신학의 역사에서 계속 나타났으며 넓은 의미의 공공신학의 중요한 특징으로 이어져 내려왔다. 이는 열왕기상에 나타나는 "성벽 위에서의 대화"와 상응하는 특징을 지닌다고 할 수 있다.

기독교 진리를 세속 사회에 변호하며 대화하는 기능은 저스틴(Justin), 알렉산드리아의 클레멘트(Clement of Alexandria), 이레니우스(Irenaeus) 같은 변증가들에게서 잘 나타난다. 이들은 바울과 같이 자신들이 살아가던 그레코~로만 상황에서 그리스와 로마의 문화와 철학에 기초하여 기독교의 진리를 변증하였다. 반면에 스콜라신학(토미즘 신학)은 아리스토텔레스의 철학에 기초하여 기독교의 진리를 이성의 논리로 이해 가능하도록 만들기 위하여 노력하였다. 20세기에 들어와서는 문화신학자로 불리는

---

32 김득중, 『사도행전 연구』, 79.

폴 틸리히(Paul Tillich, 1886~1965)의 실존주의 철학에 기초한 철학적신학,
문화신학, 또는 데이빗 트레이시(David Tracy, 1939~)의 수정주의신학도 기
독교적 정체성의 문제보다는 대화와 변증의 차원을 더욱 강조하였다.[33]

IV. 기독교학교의 공공성에 대한 교육신학적 논의: 20세기를 중심으로

기독교학교의 공공성에 대한 신학적 논의를 위하여 여기에서는 앞에
서 논의한 공공성에 대한 일반적 개념과 성서적, 교회사적, 신학적 전통
을 종합적으로 고려하면서, 20세기를 대표하는 기독교교육학자 또는 종
교교육학자들의 이론에서 나타나는 공공성에 대한 이해를 이들이 주요
한 대화의 파트너로 삼았던 신학과 연관하여 파악하고 평가하고자 한다.

20세기 초반 자유주의신학에 기초한 종교교육운동을 필두로 지나간
한 세기 동안 기독교교육의 이론들은 정체성과 관계성이라는 두 축을 오
가면서 다양한 논의들이 전개되어 왔다. 이러한 논의 과정에서, 비록 기
독교학교의 공공성이라는 주제에 대하여 이들 모두가 직접적으로 자세
히 논하지는 않았지만, 공공성 개념과 신학적 기초에 대한 큰 그림은 그
릴 수 있다고 본다.

---

33 공공신학과 관련하여 틸리히의 상관관계 방법과 트레이시의 비판적 상관관계 방법에
대한 자세한 논의는 다음을 참고할 것. 장신근, "제2장: 공적신학과 공적 실천신학의
세 가지 모델," 장신근, 『공적실천신학과 세계화시대의 기독교교육』(서울: 장로회신학
대학교출판부, 2007), 80~84.

1. 자유주의신학에 기초한 종교교육운동과 공공성: 코우

조지 앨버트 코우(George Albert Coe, 1862~1951)는 근대의 과학적 합리성, 진화론, 산업화 등과 같은 여러 도전에 직면하여 개신교 자유주의신학(Liberal Theology) 전통에 기초하여 종교교육을 전개하였고, 이러한 배경에서 공공성을 이해하였다. 그는 자신의 종교교육 이론을 구성해 나감에 있어서 창조질서로서의 자연계시를 중시하는 자유주의신학에 기초하여 교육학, 심리학, 인격 철학, 진화론 등 일반 학문과의 대화와 인간의 보편적 경험을 중요하게 여겼다. 또한 인간과 세계에 대하여 낙관주의적 견해를 가졌던 자유주의신학에 기초하여 종교교육의 사회화 차원을 강조하였다. 그는 "하나님의 민주주의(democracy of God)"라는 개념을 제시하여 하나님 나라의 개념을 민주주의적 이상과 결합하여 정의롭고 평등한 사회 건설에 기여하는 종교교육을 제안하였다. 이를 위하여 가정, 교회, 학교, 사회의 유기적 협력이 요구되는데, 특히 학교는 사회화의 중요한 장으로써 학생들이 민주주의를 배워 나가는 장소가 되어야 한다고 주장하였다.

"공립학교에서의 사회화된 종교교육에 대한 관심은 읽기, 쓰기, 산술에 덧붙여 종교를 가르쳐야 한다는 것이 아니라 철저하게 민주주의를 가르쳐야 한다는 것이다. 민주주의를 '가르친다'는 것은 지성적인 민주주의의 자세, 활동, 습관, 목적을 개발해야 한다는 것이며, 다시 말해 학생들을 민주주의자로 만든다는 것임은 지금 이 논의에서 주장할 필요도 없다."[34]

---

34 George A. Coe, *Social Theory of Religious Education*, 김도일 역, 『종교교육 사회론』(서울: 그루터기하우스. 2006), 296.

그가 여기에서 말하는 학교는 공립학교를 지칭하지만 사실상 사립과 공립학교 모두를 포괄한다고 할 수 있다. 따라서 공공성의 차원에서 본다면 코우는 기독교 신앙의 정체성/통합성(integrity) 차원보다는 이해 가능성(intelligibility)의 차원을 더욱 강조하는 종교교육자였다고 할 수 있다. 앞에서 살펴본 성서적-신학적 전통과 연관하여 평가해 본다면, 창조의 질서로서의 이성을 강조했던 구약의 지혜문학 전통과 세속 학문과의 대화를 통하여 기독교의 진리를 변증하고자 했던 바울의 아레오바고 전통, 초대교회의 교부들, 수정주의 신학 등과 통한다고 할 수 있다. 또한 그의 하나님의 민주주의 사상에 기초한 사회화 사상은 공공성 개념의 여러 차원 가운데 정의롭고 평등한 삶의 형성 차원과 깊이 연관되어 있다.

2. 신종교개혁신학에 기초한 기독교교육운동과 공공성: 스마트

제임스 스마트(James Smart, 1906~1982)는 코우와는 대조적으로 기독교의 이해 가능성보다는 정체성/통합성을 강조하며 신종교개혁신학(New Reformation Theology) 전통에 기초한 기독교교육을 제안한다. 그리고 이러한 입장에서 공공성을 이해하였다. 스마트는 인간과 세계에 대하여 지나친 낙관론과 인간 경험 중심의 종교교육에 기초했던 자유주의신학과 종교교육운동을 비판하고 "신종교개혁신학"과 니버(Reinhold Niebuhr, 1892~1971)의 "기독교 현실주의 신학"의 관점에서 성서에 기초한 기독교적 정체성을 강조하는 기독교교육을 역설하였다.

바르트의 말씀의 신학에 큰 영향을 받았던 스마트는 종교교육운동이 지나치게 심리학을 비롯하여 사회과학에 의존한다는 점을 비판하면서 신앙 공동체로서의 교회가 하나님의 말씀을 가르치는 역할을 충실히 감당해야 함을 강조하였다. 그러나 스마트를 비롯한 기독교교육운동을 주도했던 기독교교육학자들은 성서를 이해함에 있어서 정통주의적인 문자주의 접근 또는 자유주의적인 경험적 접근 모두를 거부하고, 성서를 계시 그 자체라고 보기보다는 계시를 증거하는 증언으로 보았다. 또한 스마트는 자유주의가 지나치게 인간에 대한 낙관론에 의존하고 있음을 지적하면서 인간의 죄성과 타락을 심각하게 고려하는 기독교 현실주의적인 인간이해를 주장하였다.

공교육은 스마트에게 있어서 중요한 기독교교육의 현장으로 간주되었는데, 그는 이 문제를 신학과 문화의 관계에 기초하여 논의한다. 그러나 그는 자유주의신학의 입장처럼 문화화 된 기독교가 아닌 "문화의 변혁자로서의 그리스도 모델"에 기초하여 논의를 풀어나간다.

> "스마트에게 공교육이 기독교교육의 현장이 된다는 말은, 공식 교육을 구성하고 있는 교수와 학생, 선생과 학생이 그리스도의 제자로서 학문을 대하는 신앙적 자세를 가지는 데서 시작한다고 보았으며, 자기의 학문과 교수과목을 기독교적 관점에서 해석하고 교육하는 행위가 살아 있는 현장을 뜻했다."[35]

따라서 비록 스마트가 공공성에 대하여 직접적으로 언급하지는 않았지만 확고한 기독교적 정체성에 기초한 개인과 교회의 양육을 통하여 공공성에 기여하도록 만드는 차원에서 관계성의 차원보다는 정체성의 차원을 더욱 강조하였다고 할 수 있다. 그는 공공성이란 정체성이 잘 형성

35　은준관, 『교육신학(전면개정판)』(서울: 도서출판 동연, 2013), 341.

될 때 동반되는 것으로 보았다.[36] 이 점은 관계성 차원을 더욱 강조했던 코우와는 대조를 이룬다. 성서적-신학적 전통과 연관하여 평가해 본다면, 바울의 그리스도의 몸 은유에서 나타나는 정의롭고 평등한 공동체의 형성 차원과 상응하는 점을 발견할 수 있다.

성서적-신학적 전통과 연관하여 스마트의 입장은 모세오경의 율법 공동체와 바울의 그리스도의 몸 사상에서 나타나는 정의롭고 평등한 공동의 삶 형성 차원과 깊이 연관되어 있다. 여기에서는 공공성을 보편적 이성과 윤리에 기초한 타종교 또는 타문화와의 대화보다는 신앙 공동체에서의 확고한 신앙 정체성의 형성을 통하여 동반적으로 성취되는 것으로 본다.

3. 해방신학에 기초한 종교교육과 공공성: 쉬파니

다니엘 쉬파니(Daniel Schipani)는 정치적 억압과 비인간화의 상황에서 인간화와 사회변혁을 강조하는 해방신학적 종교교육의 입장에서 공공성을 이해하였다. 해방신학적 종교교육은 해방신학에서 나타나는 공동체적이며, 대화적이며, 예언적, 종말론적, 프락시스 지향적, 변증법적-해석학적 특성들을 지닌다. 쉬파니는 "하나님의 해방하시고 재창조하시는 사역의 이야기는 도래하는 하나님의 통치에 대한 비전과 더불어 실제 기독교 프락시스 안에 수용되어야 한다."[37]라고 주장함으로써 해방신학적 종교교

---

36 바르트 신학에 기초한 스마트의 공공성 이해는 1) 비토대주의(non-foundationalism) 철학, 2) 체계적 변증(systematic apologetic)에 대한 반대, 3) 종교 간의 상이성에 대한 강조, 4) 성서의 이야기에 대한 강조 등의 특징을 지닌 예일 학파의 후기 자유주의 신학에서 나타나는 공공성 이해와 상응하는 점이 많다. 장신근, 『공적실천신학과 세계화시대의 기독교교육』(서울: 장로회신학대학교출판부, 2007), 70~79.

37 Daniel Schipani, *Religious Education Encounters Liberation Theology*(Birmingham, AL: Religious Education Press, 1988).

육이 지향하는 근본 원리를 제시한다. 즉, 해방신학적 종교교육은 억압, 차별, 불평등이 만연한 비인간화의 상황에서 해방을 통한 인간화를 지향하는 하나님의 통치를 교육의 목적과 핵심 내용으로 삼는다. 또한 해방신학적 종교교육은 이론이 아닌 해방의 프락시스를 교육적 전략의 핵심으로 삼는다. 해방신학적 종교교육에서는 하나님의 계시가 이성적인 이해나 종교적 경험이 아니라 눌린 자와의 만남과 그들에 대한 헌신을 통하여 드러난다고 본다. 따라서 억눌린 자들의 고통을 듣고, 그들의 고통에 동참하며, 해방을 위하여 연대하고 행동할 때 변형 학습이 일어난다.

해방신학적 종교교육에서는 공공성의 문제를 변증적 또는 대화적 차원이 아니라 정치적·경제적·사회적·제도적 차원의 차별, 억압, 주변화 등에서의 해방이라는 차원에서 바라본다. 여기에서 공공성은 해방의 실천을 통한 예언자적 사회 개혁이라는 차원과 가장 밀접하게 연관되어 있다. 이러한 맥락에서 볼 때 기독교학교의 공공성은 학교가 국가 권력에 의하여 통제되고 억압받으며 지배 이데올로기를 선전하고 주입하는 도구로 전락하는 것을 비판하고, 학생과 교사를 의식화시켜 나가며, 더 나아가 사회의 불의한 제도와 법률 등을 개혁해 나가는 역할을 수행하는 것과 깊이 연관되어 있다. 따라서 하나님 백성의 공동체 형성이라는 차원이 성서, 예전, 사회화 등을 통한 정체성 형성의 차원을 중시한다면, 해방신학에 기초한 기독교학교의 공공성은 이러한 정체성이 화석화, 제도화, 율법주의화 되었을 때 이를 깨뜨리는 변혁적 차원과 관련되어 있다.

4. 복음주의신학에 기초한 기독교교육과 공공성: 리챠즈

미국의 맥락에서 복음주의는 다양한 모습으로 나타나고 있지만, 원

래 19세기의 부흥운동의 정신을 이어받고, 이에 더하여 사람들을 그리스
도에게로 회심시키는 것에 대한 긴박감으로서의 선교를 강조하는 공통
적인 특징을 지니고 있다. 복음주의는 성서적 계시의 우월성을 강조하
며, 교육을 복음을 전하는 데 필요한 핵심적 수단으로 간주한다. 보이스
(Mary Boys)에 따르면 복음주의는 "부흥운동이 낳은 회심을 확장하고 심
화시키는 기관들을 지원하는 '생태(ecology)'를 조성한 19세기 복음전도
활동을 가리키는 포괄적인 용어"이다.[38] 이러한 복음주의신학 내에서도
우파, 좌파, 중도파 등 다양한 스펙트럼이 존재한다.

복음주의에 기초한 종교교육(기독교교육)도 우파, 좌파, 중도적 입장에
따라서 1) 진리를 전수하는 종교교육, 2) 반문화적인 사도 공동체에서 신
앙을 공유하는 종교교육, 3) 선교로서의 종교교육 등으로 분류할 수 있다.

첫 번째는 근본주의적 입장으로 근대성에 대하여 호전성을 지닌 입
장이다.[39] 제리 팔웰(Jerry Falwell, 1933~2007)과 팻 로버트슨(Pat Robertson,
1930~) 등은 이러한 입장을 잘 대변한다. 이들은 다원적 사회의 상대주의
를 이단으로 보며, (역설적으로) 다양한 매체를 동원하여 복음주의의 전파
에 전력을 기울이며, 공립학교의 도덕적 중립성을 비판하면서 기독교 사
립학교는 "절대적인 도덕조건을 가르치는 도구를 제공하고 '문화에 대항
하는 그리스도'라는 분명한 입장"을 교육해야 함을 주장한다. 전도는 개
인적 회심에 초점을 둔다.

두 번째, 반문화적인 사도 공동체와 신앙을 공유하는 종교교육은 개

38　Mary Boys, *Educating in Faith*, 유재덕 역, 『현대 종교교육의 지형과 전망』(서울: 하늘기
　획, 2006), 51.

39　Mary Boys, *Educating in Faith: Maps and Visions*(San Francisco : Harper & Row, 1989),
　112~14.

인적 차원뿐 아니라 집단적 차원의 회심을 중시한다.[40] 이러한 입장을 대변하는 짐 월러스(Jim Wallis, 1948~)와 소저너스협회는 "사회의 변혁은 대안적 '정치'구조의 창조"를 뜻한다고 주장하며, 문화에 대항하는 입장을 지니지만 복음주의의 우파(근본주의적 입장)가 성공의 복음을 강조한다는 점에서 자신들과 다르다고 본다. 이들에게 전도는 개인적 회심과 더불어 폭력, 인종차별, 불의를 멀리하는 사회로의 변화를 포함한다. 이들은 단순한 생활방식, 소유의 공유, 빈민 옹호, 잡지 발행 등을 통한 교육을 실시한다.

세 번째, 선교로서의 종교교육은 성서적 권위와 사회적 관심을 동시에 강조하면서도 복음을 신뢰할 수 있는 방법으로 소개하는 전도를 중시한다.[41] 이러한 종교교육은 선교(mission)에 강조점을 두고, 더 나아가 선교는 친교와 회중의 삶, 즉 공동체를 포함한다고 본다.[42] 이러한 관점을 가장 강조하는 교육학자가 바로 로렌스 리차즈(Lawrence Richards, 1885~1930)이다. 그는 선교로서의 종교교육에 기초한 복음주의 기독교교육은 성경공부를 위한 소그룹 친교 모임의 계발에 중점을 두어야 한다고 본다. 그러나 그는 더 나아가 교육은 교실에서의 성경공부, 교사의 의사소통 차원을 넘어서서 그리스도의 몸인 교회 안에서 기능하는 신자들의 총체적 삶까지도 포괄해야 한다고 본다. 즉, 기독교교육자는 공동체 안에서 공동체의 하나 됨과 사랑을 이루어 나가기 위하여 일어나는 모든 상호작용들에 주의해야 한다는 것이다. 리차즈는 기독교교육자란 교회의 삶을 설계하는 사람(designer)이라고 간주하면서, 교육과정은 내용 전달보다 역할이나 관계의 구조화에 더 강조점을 두어야 한다고 본

---

40 Mary Boys, *Educating in Faith*, 114~17.
41 Mary Boys, *Educating in Faith*, 117~19.
42 Mary Boys, *Educating in Faith*, 118.

다. 따라서 그는 과정이 특정한 내용 보다 학습자에게 더 큰 영향을 끼칠 수 있다고 보고, 신앙 공동체 안에서 개인을 안내하고 형성해 나가는 사회화가 기독교교육이며, 기독교교육자는 신앙 공동체를 촉진하는 사람(facilitator)이라고 정의한다.[43]

복음주의신학에 기초한 기독교교육은 이상의 세 가지 입장(좌, 우, 중도)이 공존하기에 차이가 있을 수는 있지만, 그럼에도 불구하고 기독교와 신앙의 정체성에 대한 차원이 어떠한 신학보다 강하다고 할 수 있다. 신종교개혁신학에 기초한 기독교교육운동에서도 이러한 정체성에 대한 강조가 나타나지만 복음주의에서는 좀 더 강하게 드러나고 있으며, 물론 좌파의 경우는 좀 다르지만, 관계성과 사회 개혁적인 차원은 약하게 나타난다. 대신 개개인과 회중에 대한 강조는 다른 모델보다 강하게 나타난다. 따라서 공동체의 형성이라는 차원에서는 유사성을 보이지만, 정의롭고 평등한 공동체의 형성과는 강조점이 좀 다른, 다시 말하자면, 복음전도를 중시하는 선교적 공동체로서의 회중 형성이라는 특징을 나타낸다.

5. 에큐메니칼신학에 기초한 종교교육과 공공성: 모란

가브리엘 모란(Gabriel Moran)은 오늘의 다종교, 다문화의 상황에서 타종교와의 열린 대화를 강조하는 에큐메니칼신학 전통에 기초하여 자신의 종교교육 이론을 전개한다. 그는 오늘의 다원주의 상황에서 기독교적 계시가 너무 협소하다고 보면서 모든 인간과 종교의 생활과 경험에서 나타나는 보편적 의미의 계시를 강조한다. 여기에서는 초월적 계시보다는 현재의 일상적 삶이 지닌 중요성과 성과 속 사이의 역설적인 통일이 강

43　Mary Boys, *Educating in Faith*, 118.

조되는데, 그의 종교교육도 이러한 특성을 지닌다.

이러한 맥락에서 모란은 종교교육이 교회교육을 넘어서서 확장되어야 한다고 주장하면서 "교회에 출석하는 사람들이 다음 세대에 신앙을 전달하기 위해서 수행하는 것보다 폭넓은 방식으로 종교교육을 개념화"하려고 노력하였다.[44] 다시 말하자면 기독교 교리와 전통을 전달하는 주입식 교육을 비판하면서 종교교육은 "종교 공동체 전체가 세계 전체를 마주한 채 자유롭고 지적인 결단을 내리도록 교육하는 전체적인 종교 공동체"에서 수행되어야 한다고 주장한다.[45] 계속해서 그는 신학을 지나치게 의존하는 기독교교육을 비판하면서 기독교교육보다는 "종교교육"이라는 용어를 선호하며, 교회의 내적 언어인 신학적 언어가 종교교육을 지배해서는 안 되며, 종교교육은 공적이며 세상을 지향해야 한다고 주장하였다.[46]

여기에서 우리는 종교교육을 전개해 나감에 있어서 모란의 공공성 이해가 상호 비판적 대화의 특징을 강하게 지닌다고 할 수 있다. 따라서 모란에 의하면 기독교학교의 공공성은 다원주의적 상황에서 보편적인 인간 경험에 기초한 계시의 관점에서 타종교의 전통과 비판적으로 대화하는 가운데 공공의 선을 함께 추구해 나가는 것과 깊이 연관되어 있다. 물론 그가 종교집단 고유의 내적언어(신학)를 무시하는 것은 아니지만, 공공성의 이해에 있어서 기독교적 정체성보다는 관계성의 차원에 더 많은 강조점을 두고 있다고 할 수 있다. 따라서 모란의 공공성 이해는 창조질서로서의 지혜를 강조하는 지혜문학과 유사한 점들을 많이 발견할 수 있다. 특히 지혜문학에 나타나는 일상의 삶을 통한 지혜에 대한 강조는 모

---

44 Boys, 유재덕 역, 『현대 종교교육의 지형과 전망』, 190.
45 Boys, 유재덕 역, 『현대 종교교육의 지형과 전망』, 190.
46 Boys, 유재덕 역, 『현대 종교교육의 지형과 전망』, 189~90.

란의 공공성 이해에 있어서도 매우 중요한 위치를 차지한다.

6. 네오토미즘적 가톨릭신학에 기초한 기독교적 종교교육과 공공성: 그룸

토마스 그룸(Thomas H. Groome)도 모란과 마찬가지로 오늘의 포스트모던적인 다원주의 상황을 심각하게 고려하면서 가톨릭적 보편성(Catholicity)을 강조하는 네오토미즘신학 전통에 기초하여 기독교적 종교교육을 전개하며, 동시에 이러한 입장에서 공공성을 이해한다. 이러한 경향은 『생명을 위한 교육』과 *Will There be Faith?* 라는 최근의 저서에서 잘 나타난다.[47] 전자에서 그룸은 책의 저술 목적이 "어떻게 모든 인류와의 결속과 공동선을 향상시키는 방법으로 특정한 종교적 정체성을 다룰 수 있는가를 제시하는 것이다"라고 한다.[48] 이 두 저서에서 그는 오늘의 공교육을 가장 위협하는 것 중의 하나는 바로 영적 비전의 결핍이라고 주장한다. 즉, 정교의 분리라는 원칙 때문에 "영적 영향력이 배제된 교육"이 공교육의 현장에서 이루어지고 있다는 것이다. 이를 극복하기 위해서는 종교가 헌법상 학교에서 배제된다 하더라도 교사들의 영적 비전 또는 교육의 자원으로서의 영성을 배제해서는 안 된다고 주장한다. 이러한 맥락에서 그는 가톨릭 학교교육을 논하면서 가톨릭적 보편성에 기초한 교육은 "모든 이의 생명과 삶"을 지향하는 가운데 공공의 선에 기여하는 교육이라고 주장한다. 특히 그는 이러한 교육을 "인간화 교육

---

47 Thomas Groome, *Will There be Faith?: A New Vision for Educating and Growing*(New York: Harper One, 2011).

48 Thomas Groome, *Educating for Faith*, 김도일 역, 『생명을 위한 교육』(서울 : 장로회신학대학교출판부, 2001), 50.

(humanizing education)"이라고 명한다.[49]

그는 가톨릭적 보편성을 추구하는 학교로 파키스탄의 카라치에 위치한 가톨릭 사립학교들을 실례로 든다. 이들은 비록 가톨릭학교이지만 이슬람교 신자들이 학생과 교사의 95%를 차지한다. 그런데 이 학교들은 모슬렘 지역사회를 존중하여 어떠한 기독교적 상징물도 전시하지 않고, 이들을 개종하기 위한 노력도 하지 않고, 이슬람 종교 과목을 필수로 듣게 한다고 한다. 여기에서는 남녀평등, 인간존중의 정신, 계급과 민족을 초월한 공동체로서의 학교, 개인의 영성 계발, 정의와 평화에 대한 헌신, 타자에 대한 존중, 비판적 사고력 등을 강조하는 교육을 실시한다. 그룹은 여기에서의 교육이 바로 인간화하는 교육과정에 기초한 "모든 이의 생명을 위한 교육"의 모델이라고 명한다. 즉, 기독교를 명시적으로 가르치지는 않지만 복음의 가치들이 학교생활과 일반 교육과정에 드러나는 교육을 뜻한다.

성서적-신학적 전통과 연관하여 그룹의 기독교적 종교교육 접근에서는 모란과 유사하게 정의롭고 평등한 공동체의 형성을 강조하는 공공성과 변증적 대화적 차원의 공공성이 동시에 잘 드러난다고 할 수 있다. 그러나 그룹은 모란보다 신학적인 차원을 좀 더 강조한다는 점에서 차이를 보인다. 모란의 경우, 신학을 교회의 내적언어로 보고 이것은 공공성의 논의에 크게 기여하지 못하는 것으로 간주하는 반면, 그룹은 대화의 차원을 중시하고 타학문과의 대화도 중시하지만 신학의 소통 가능성을 모란보다는 더 강조한다고 할 수 있다.

---

49 Groome, 김도일 역, 『생명을 위한 교육』, 서문. Thomas Groome, "Ch. 7. Catholic Schools as Educators in Faith," *Will There be Faith? A New Vision for Educating and Growing Disciples*(New York: Harper One, 2011) 참고.

V. 오늘의 상황에서 본 기독교학교의 공공성에 대한
신학적 논의

지금까지 1) 학교의 공공성에 대한 논의: 공공성의 개념, 학교의 공공성, 사립학교로서 기독교학교의 공공성, 2) 성서적, 신학적 차원의 공공성 논의: 성서와 신학의 전통에 나타나는 공공성의 유형을 세 가지로 분류하여 고찰하였다. 3) 20세기의 대표적인 기독교교육학자들의 교육 이론에 나타나는 공공성 이해의 특징과 그 신학적 기초를 성서적, 신학적 차원의 공공성 이해와 비교하여 살펴보았다. 이제 마지막으로 이 장에서는 지금까지 이루어진 논의를 종합하여 오늘의 기독교학교가 처해 있는 도전을 좀 더 거시적인 차원과 학교 차원으로 나누어서 간략하게 살펴보고, 기독교학교가 공공성에 기여하기 위하여 감당해야 할 과제들을 공공신학의 관점에서 제안하고자 한다.

1. 기독교학교를 향한 오늘의 도전과 과제

오늘의 기독교학교가 공적 책임을 잘 수행하기 위해서는 기독교학교가 처한 다양한 도전들을 비판적으로 인식하는 일이 무엇보다 중요하다. 우선 기독교학교가 존재하고 있는 오늘의 상황을 거시적인 차원에서 살펴보자. 기독교학교가 존재하고 있는 오늘의 상황은 어떠한 특징을 지니고 있는가?

첫째, 다양한 가치관과 문화가 혼재하는 다원주의적 상황이 오늘날 전 지구적으로 확대되고 있다. 특히 포스트모던적 사상은 진리에 대한 절대적인 신뢰를 거부하고 상대주의적인 태도를 강조한다. 이러한 상황에서 기독교학교는 기독교적인 확고한 정체성을 양육하는 과제를 잘 수행해야 한다.

둘째, 지구적 자본주의에 기초한 세계화는 경제적인 양극화 현상, 즉, 빈익빈 부익부의 현상을 심화시키고 있다. 경제적 불평등은 국가와 국가 사이뿐 아니라 한 국가 내의 여러 계층 사이에서도 심화되고 있다. 이러한 상황에서 기독교학교는 정의롭고 평등한 경제체제의 형성을 위하여 직·간접적으로 노력해야 한다.

셋째, 오늘의 세계는 교통과 통신의 발달로 인하여 다양한 문화가 서로 만나며 교류하는 다문화적 세계가 되어 가고 있다. 따라서 기독교학교는 오늘의 다문화적 맥락을 고려하는 가운데 다문화적인 포용성을 양육하는 일에 기여해야 한다.

넷째, 오늘날 우리는 자연 생태계의 파괴가 매우 심각하게 전개되고 있는 위기의 상황에서 살고 있다. 자연 생태계의 파괴는 기후의 붕괴, 지구 온난화, 그리고 이로 인한 엄청난 재앙을 불러일으키고 있다. 기독교학교는 이러한 생태계 파괴의 상황에서 생태적 삶과 영성 형성을 위하여 헌신하여야 한다.

다섯째, 국가권력과 사적 영역을 중재하는 제3의 영역으로서 시민사회의 역할이 더욱 더 중요해지고 있다. 따라서 기독교학교는 시민사회 맥락에서 건강한 시민성, 숙의능력, 의사소통 능력을 양육하는 과제를 수행해야 한다.

여섯째, 세계화의 영향으로 오늘날 우리는 다양한 형태의 개인주의가 계속해서 심화되고 있는 상황에서 살아가고 있다. 이러한 상황에서 기독교학교는 공생의 공동체 형성을 위한 교육에 기여해야 한다.

일곱째, 공공의 영역에서 공공의 선을 지향하는 대화에 참여하기 위한 학제적 사고와 대화의 능력을 양육해야 한다.

이러한 거시적 차원의 과제들과 더불어 한국의 기독교학교는 학교 차원에서 다음의 두 가지 심각한 도전들에 직면해 있으며, 이를 창조적으로 해결해 나가는 과정에 헌신하도록 요청을 받고 있다. 첫째는 평준화로 인한 기독교학교의 자율성 상실이다. 이로 인하여 기독교학교는 설립 목적에 명시된 신앙교육을 제대로 실시하지 못하고 자신의 신앙적 정체성을 제대로 세워나가지 못하고 있다. 따라서 기독교학교는 자신의 자율성을 회복하는 과제를 수행해야 한다. 기독교학교의 자율성 회복은 기독교적 정체성의 회복과 직결된다. 그 이유는 올바른 자율성은 기독교적 정체성에서 나오기 때문이다. 둘째는 과도한 입시 위주의 교육으로 인한 학교교육의 붕괴현상이다. 학교는 이제 입시를 위한 준비기관으로 전락해 가고 있으며, 사제 간의 관계가 단절되고, 학생들 사이의 폭력과 왕따 현상이 학교 현장을 멍들게 하고 있다. 입시 위주의 교육은 기독교적 · 인격적 교육을 심각하게 훼손하고 있다. 기독교학교는 이러한 상황에서 현행 입시 제도를 개혁하여 공교육이 제자리를 찾을 수 있도록 도움을 주어야 한다.

2. 기독교학교의 공공성 논의를 위한 단서로서의 공공신학

이러한 도전에 직면하여, 기독교학교가 공적 책임을 잘 수행해 나가기 위하여 어떠한 신학과의 대화가 이루어져야 할 것인가? 여기에서는 공공신학에 기초하여 기독교학교의 공적 책임 또는 공공성에 대한 논의를 시도하려고 한다.

"공공신학이 무엇인가?"라는 질문에 대하여 여러 가지 형태의 답변이 가능할 것이다.[50] 신학은 그 자체로 초월적인 계시의 차원과 더불어 공적인 성격을 지니고 있기에 신학은 본질적으로 공적이라고 할 수 있다. 그러나 여러 형태의 신학 가운데서도 교회와 그리스도인들의 공적 책임을 암시적으로나 명시적으로 강하게 강조하는 경우가 있다. 우리는 이러한 형태의 신학들을 넓은 의미의 공적 책무를 지향하는 공공신학이라고 할 수 있을 것이다. 신학의 공적인 성격은 시대와 맥락에 따라서 다양하게 이해될 수 있기에, 넓은 의미에서 본다면 다양한 형태의 공적인 성격을 지닌 신학이 존재할 수 있는 것이다. 예를 들어, 성서적, 신학적 전통에서 나타나는 1) 정의롭고 평등한 공동의 삶 형성 차원, 2) 현실 개혁적 차원, 3) 변증적이며 대화적 차원 등을 지향하는 공공신학이 있을 수 있다.

그러나 좀 더 좁은 의미에서 1980년대 이후 신학계에서 많이 회자되고 있는 새로운 신학적 경향으로서의 공공신학은 근대적 맥락에서 발생한 종교의 사사화(私事化) 현상에 대한 대안을 모색하는, 또한 시민사회의 맥락에서 공공의 영역에서 공공선에 기여하는 신학으로 이해할 수 있다.

본 글에서는 이상의 두 가지 차원을 통합하는 정의를 시도하고자 한다. 즉, 뿌리에 있어서 성서적, 신학적 전통에서 나타나는 공동체 형성적, 사회 변형적, 변증적, 대화적 차원과 동시에 오늘의 시민사회의 맥락을 구체적으로 고려하면서 공공신학을 정의하려고 한다.

"공공신학이란 성서, 교회, 신학의 전통에 뿌리를 둔 것으로 근대 이후에 나타나는 기독교 신앙과 실천의 사사화 현상에 직면하여, 하나님 나라의 비전 하에 그리스도인들의 공적신앙 양육과, 공교회 형성을 통하여 공공

---

50 공공신학의 기원과 지형에 대한 안내로 다음을 참고할 것. 장신근, "공공신학이란 무엇인가: 신학의 공적역할 논의에 대한 지형 연구," 이형기 외, 『공적신학과 공적교회』(서울: 킹덤출판사, 2010), 25~79.

선을 지향하는 시민사회 맥락에서 여러 차원의 공적 삶을 형성하고 변형
시켜 나가는 것을 목표로, 이와 관련된 기독교적 관점을 다른 전통이나
학문과의 대화를 통하여 제시하고 실천하도록 함으로써 여러 차원의 공
적 삶에 기여하는 신학이다."

공공신학은 넓은 의미에서 성서와 신학의 역사에서 나타나는 다양
한 형태의 공적인 성격을 논의하고 실천해 나가는 신학이다. 그리고 좁
은 의미에서는 시민사회의 기능과 역할이 중요해지고 있는 오늘의 상황
에서 기독교 신앙과 실천의 사사화에 대한 대안을 제시한다. 즉, 공공신
학은 그리스도인 개개인이 하나님 나라 비전에 기초하여 공적 영역 또는
삶에 헌신할 수 있도록 공적 신앙의 양육과 공교회의 형성을 지향한다.
이와 더불어 공공신학은 이러한 작업을 신학적인 전통뿐만 아니라 다양
한 타학문과 전통들과의 대화를 통하여 수행해 나간다. 이러한 맥락에서
공공신학은 기독교학교의 공공성 논의에 있어서 매우 적절한 신학적 대
화 파트너가 될 수 있을 것이다.

공공성에 대한 신학적 논의에 있어서 우리가 주의해야 할 것은 바로
근대성의 산물인 가치중립성에 기초한 보편주의가 아니라 기독교적 정
체성이 전제되어야 한다는 것이다.[51] 공공신학은 공공성을 지향함에 있
어서 신앙의 고백적 차원을 무시하고 보편적인 윤리적 차원만을 강조하
는 시민종교(civil religion)와는 달리 기독교적인 정체성 또는 독특성을 매

---

51 이숙경도 근대주의 사고와 함께 나타난 공교육에서의 보편주의에 대한 문제점을 지적
    한다. 즉, 공교육으로부터 종교의 영향을 철저히 배제하려는 시도가 가치중립성이라는
    보편주의 이념으로 나타났으며, 그 결과 국가의 이데올로기가 사실상 종교의 자리를 대
    체하는 결과로 나타났다는 것이다. 이숙경, "미래세대와 학교교육," 김도일 편, 『미래시
    대, 미래세대, 미래교육』(서울: 도서출판 한교, 2013), 598~603.

우 중요하게 간주한다. 즉, 공공성을 논함에 있어서 기독교적 정체성이 철저하게 기초가 되어야 한다는 것이다. 이러한 독특한 정체성이 전제되어야만 기독교 신앙은 시민종교와는 구별되게 공적 영역에 제대로 공헌할 수 있다는 것이다.

우리는 미로슬라프 볼프(Miroslav Volf, 1956~)의 공적 신앙에 대한 이해에서 이러한 사실을 잘 인식할 수 있다. 그는 신앙의 공공성을 위해서는 "상승"과 "회귀"라는 두 가지 차원이 균형을 이루고 상호의존적인 관계 속에 존재해야 한다고 주장한다. 그는 공적 신앙의 필요성을 주장하는 가운데 유대교, 이슬람교, 기독교 등 대표적인 예언 종교들은 이 세상에서 벗어나서 신의 품으로 도피하려는 신비주의 종교와는 다르게 신의 이름으로 세상을 변화시켜 나가는 것을 목적으로 삼는다고 역설한다.[52] 이러한 예언종교들은 1) 상승(ascent)과 2) 회귀(return)라고 하는 두 가지 특징을 가지고 있다.

먼저, "상승"은 예언자들이 신 또는 신적 존재와의 만남을 통하여 메시지를 받고 그들의 정체성이 형성되는 시간을 뜻한다.[53] 이것은 "신과의 신비적 연합으로 이루어질 수도 있고, 예언적 영감이나 경전을 깊이 이해함으로써 이루어지기도 한다."[54] 상승은 수용(receptive)의 순간을 뜻한다. 하지만 이것은 단순한 수용만이 아니라 수용자(예언자)의 변화를 동반한다는 의미에서 "창조적인 수용성"이라 할 수 있다.

다음으로 "회귀"는 세상과의 상호작용을 하는 가운데 예언자들에 의하여 그 메시지가 선포되고, 실천되고, 예전, 기구, 법의 형태로 만들어지

---

52 Miroslav Volf, *Public Faith*, 김명윤 역, 『광장에 선 기독교』(서울: IVP, 2014), 30.
53 Volf, 김명윤 역, 『광장에 선 기독교』, 30.
54 Volf, 김명윤 역, 『광장에 선 기독교』, 31.

는 시간으로 창조적인(creative) 성격을 띤다.[55] 그러나 이 과정을 통과하면서 예언자들은 자신들의 변화를 경험하기에 동시에 수용자가 된다. 따라서 이는 "수용적인 창조성"이다. 이러한 의미에서 "'수용적인 상승' 없이 신으로부터 세상을 변화시킬 메시지를 받을 수 없고, '창조적인 회귀' 없이 세상을 변화시킬 참여가 일어나지 않는다고 말할 수 있다."[56] 양자는 서로를 보완하는 가운데 같이 존재하고 동행해야 한다.

그런데 예언종교의 실천자들이 진정한 신과의 만남을 중요시하지 않거나 만나지 않은 신을 만났다고 하거나 신앙의 핵심에서 유래하지 않는 관점과 실천을 강조하는 종교언어를 내세울 경우, 즉 수용적 상승이 결여될 경우, 그 종교는 "상승 기능장애(ascent malfunction)"에 빠지게 된다. 그 결과 "기능 축소(functional reduction)"와 "우상 대체(idolatric substitution)" 기능장애에 빠지게 된다.[57]

반대로 예언자들이 산에서 신을 만난 척하거나 혹은 신 아닌 우상에서 유래하는 메시지를 가지고 하산하는 경우, "회귀 기능장애(return malfunction)"에 빠지게 된다. 이러한 경우 이들에 의한 개혁은 자신들의 이름이나 다른 신들에 기초한 개혁이 되어 버린다. 그리하여 "신앙의 나태함" 또는 "신앙의 강요"에 빠지게 된다는 것이다. 이를 전통적 죄의 개념으로 바꾸어 말하자면, 전자는 "부작위의 죄(sins of ommission)", 후자는 "작위의 죄(sins of commission)"에 해당한다.[58]

공공신학을 이해함에 있어서 상승과 회귀의 차원과 더불어 한 가지

---

55 Volf, 김명윤 역, 『광장에 선 기독교』, 31~32.
56 Volf, 김명윤 역, 『광장에 선 기독교』, 32.
57 Volf, 김명윤 역, 『광장에 선 기독교』, 33~36.
58 Volf, 김명윤 역, 『광장에 선 기독교』, 37~48. 참고로 부작위의 죄 또는 태만의 죄는 해야 할 일을 하지 않는 죄이며, 작위의 죄 또는 자범죄는 하지 말아야 할 일을 하는 죄를 지칭한다.

더 기억해야 할 사실은 사적 차원과 공적 차원을 결코 이분법적으로 보아선 안 된다는 것이다. 공공철학자 김봉진은 활사개공(活私開公)과 공사공매(公私共媒)라는 개념을 통하여 사적 차원과 공적 차원의 불가분리성과 상호의존성을 역설한다. '활사개공(活私開公)'이란 멸사봉공(滅私奉公)이나 멸공봉사(滅共奉私)와는 달리, 사(私)의 존재, 가치, 존엄 등을 멸함, 즉 억제, 희생, 부정하는 것이 아니라 살림(인정, 존중, 발전)으로써 공(公)을 공공민이나 생활자에게 여는 것을 뜻한다. 그리고 그는 공과 사는 서로 분리되지 않아야 하며, 둘 사이를 함께 매개하는 '공사공매(公私共媒)'가 필요하다고 주장한다.[59]

이학준도 하나님과의 친밀성을 특징으로 하는 사적 영성과 공적 영성을 조화시켜 나가야 함을 주장한다. 오늘의 한국 교회에서 문제가 되고 있는 기복주의, 개교회주의, 이분법적 사고, 단순논리주의를 해결해 나가기 위해서는 "친밀성과 공적 영성을 조화시킨 신앙 패러다임"이 필요하다는 것이다. 즉, "성서적 창조론과 구원론, 일반계시와 특별계시, 이성과 신앙, 칭의론과 성화론을 통전적으로 엮어내는 신앙관"이 필요하다는 것이다."[60]

따라서 공공신학은 신앙의 사적 차원(또는 친밀성과 실존적 차원)을 배제하거나, 사적 차원과 공적 차원을 서로 배타적으로 보지 않는다. 오히려 사적 차원과 공적 차원은 상호의존적이고, 상호보완적이며, 상호 상승적인 관계 속에 존재하는 것으로 간주한다. 그리하여 양자는 통전적인 관계 속에서 존재하는 것으로 인식한다.

---

59 김봉진, "글로벌 공공철학으로써의 한 사상," 김상일 외, 『한류와 한사상: 한류의 세계화를 위한 한사상의 이론과 실제』(서울: 모시는사람들, 2009), 153.
60　이학준, 『한국교회, 패러다임을 바꿔야 산다』(서울: 새물결플러스, 2011), 32.

3. 공공신학적 관점에서 본 기독교학교의 공적 책임을 위한 과제

1) 공적 신앙/공적 영성의 양육

기독교학교의 공공성 또는 공적 책임을 수행하는 과제에 있어서 제일 중요한 것 중 하나가 바로 공적 신앙/공적 영성의 형성이다. 공적 신앙/공적 영성이란 공공신학이 지향하는 신앙/영성으로 기독교학교의 교사와 학생들이 공공성에 기여하기 위하여 지향해야 할 신앙/영성을 뜻한다. 우리가 공공성에 대한 기여를 논의할 때 앞에서 기억해야 할 사실은 이것을 신앙적/영성적 차원의 정체성과 분리할 수 없다는 것이다.

양자는 결코 분리되어선 안 된다. 몰트만(Jürgen Moltmann, 1926~)도 양자의 불가분리성을 다음과 같이 역설한다.

> "세상과 공적인 관계를 맺지 않는 기독교의 정체성은 존재하지 않으며, 신학의 기독교적인 정체성 없이 세상과의 공적인 관계성은 존재하지 않는다. 왜냐하면 신학은 예수 그리스도 때문에 하나님-나라의-신학이 되기 때문이다. 그러나 하나님-나라의-신학이 그리스도의 인격과 역사에 기초하지 않고 하나님의 성령에 대한 체험에서 이탈할 경우, 신학은 유토피아의 불확실성 속으로 빨려 들어가게 될 것이다."[61]

공적 신앙/공적 영성이란 이와 같이 공공성을 추구하지만 어디까지나 기독교적 정체성에 기초한 것이어야 하며, 기독교적 정체성도 역시 공적인 관계의 차원과 함께 가야 한다는 것이다. 양자의 균형 잡힌 결합의 기

---

[61] Jürgen Moltmann, *Gott im Projekt der modernen Welt*, 곽미숙 역, 『세계 속에 있는 하나님: 하나님 나라를 위한 공적인 신학의 정립을 지향하며』(서울: 도서출판동연, 2008), 9.

초가 되는 것이 바로 공적 신앙/공적 영성이다. 기독교학교는 가정, 교회와 더불어 이러한 공적 신앙/공적 영성을 양육하는 장소가 되어야 한다. 공적 신앙/공적 영성은 기독교학교에서 기독교적 정체성과 공공성 사이의 균형을 이루는 교육을 위하여 매우 중요하다.

강영택은 1) 종교학적 종교교육(education about religion), 2) 신앙교육적 종교교육(education of religion), 3) 종교성 교육(religious education) 등을 기독교학교에서 이루어지는 종교교육의 세 가지 유형으로 제시하면서 세 번째 유형을 이상적인 모델로 추천한다.[62] 첫 번째 유형이 비교종교학적 교육이라면 두 번째 유형은 기독교적 정체성 형성을 강하게 주장하는 교육이다. 그러나 세 번째 유형인 종교성 교육은 공적 신앙/공적 영성에 기초하여 기독교적 정체성과 공공성 사이의 균형을 이루는 교육을 뜻한다. 이 유형에서는 종교성과 영성의 함양을 중요시하며, 종교적 가치를 추구하는 인격 교육적 성격을 지닌다. 여기에서는 타종교와의 공동언어를 통한 연대 가능성을 모색하며, 일상경험의 종교적 차원과 종교교육의 계기를 중시한다. 또한 비판적 성찰을 통한 깨달음의 영성, 통전적 영성, 환대의 영성, 학습자의 삶에 내재된 종교성 양육, 대화적 방식 추구 등을 강조한다.[63] 따라서 기독교학교는 공적 신앙/공적 영성의 형성을 지향하는 가운데 기독교적 정체성과 공공성 사이의 균형을 이루는 종교성 교육을 실시함으로써 공적 책무를 잘 감당할 수 있을 것이다.

구체적으로 이러한 교육은 모든 과목에서 명시적인 차원과 암시적인 차원에서 동시에 이루어져야 할 것이다. 그러나 특별히 세계시민교육, 민주시민교육, 다문화 교육 등에서는 보다 명시적으로 공적 신앙/공적

---

62 강영택, "종교교육의 개념과 유형," 강영택 외, 『종교교육론』(서울: 학지사, 2013).
63 강영택, "종교교육의 개념과 유형."

영성에 기초한 교육이 수행되어야 할 것이다.

2) 기독교학교와 공교육의 개혁

공공신학은 정의롭고 평등한 공동체 형성에 많은 노력을 기울인다. 이를 위하여 다양한 신학적 주제들과 대화를 시도하는데 오늘날에는 삼위일체론과 많은 대화를 시도한다. 삼위일체론은 성서적 증언에 기초하여 가정과 교회를 비롯하여 다양한 인간 공동체를 위한 규범을 제시한다. 즉, 공공신학에서는 공공성, 좀 더 구체적으로 공동체적 삶의 성서적, 신학적 규범으로써 삼위일체 하나님의 신적 공동체에서 나타나는 삶과 존재양식을 근거로 삼는다. 삼위일체 하나님의 공동체에서 나타나는 인격적, 관계적, 개방적, 포용적, 평등적, 상호 내주적, 연대적 삶과 존재양식은 이 땅에 존재하는 인간 공동체들의 삶과 실천을 위한 규범이 된다는 것이다.

이러한 맥락에서 삼위일체 하나님의 공동체에서 나타나는 삶과 실천은 기독교학교의 개혁을 위한 가장 중요한 규범이 된다. 기독교학교가 자신을 개혁해 나가는 차원은 공적 책임을 수행하는 것과 직결되어 있다. 다시 말하자면 기독교학교가 이상의 규범에 기초하여 자신의 의사소통체제, 행정체제, 경영체제, 리더십, 거버넌스(governance), 교육체제 등을 개혁해 나갈 때 이것은 바로 교육의 공공성에 기여하는 것으로 간주될 수 있다는 것이다.

기독교학교는 자신에 대한 개혁과 아울러, 좀 더 넓은 차원에서 오늘날 심각한 문제를 안고 있는 위기의 공교육을 개혁해 나가는 공적 책임도 수행해야 한다. 인격과 영성교육보다는 지나치게 실용적인 지식과 기술을 지닌 인간상을 지향하며, 과도한 입시경쟁과 사교육에 의하여 매몰

당하고, 교사-학생들이 서로 소외되고, 이념 논쟁에 지배당하고 있는 공교육을 삼위일체 하나님의 공동체에서 나타나는 인격적, 관계적, 개방적, 포용적, 평등적, 상호 내주적, 연대적 삶과 존재양식에 기초하여 개혁해 나가는 공적 책임을 수행해야 한다는 것이다.

여기에서 한 가지 더 기억해야 할 사실은 앞에서 본 것처럼, 사립학교로서 기독교학교는 다원주의적 상황에서 공익성에 기여하는 과제를 수행해야 한다는 것이다. 즉, 기독교학교는 획일적인 형태의 교육에서 벗어나서 오늘의 다원주의적 상황에서 기인하는 "다양한 욕구와 가치들"을 존중하는 가운데 창조적으로 공공의 이익을 지향하는 교육을 해야 한다는 것이다. 이는 다양성과 지역성을 강조하는 오늘의 포스트모던 상황에서 매우 중요한 과제이다.

3) 공공의 선과 공적 이슈에 기여하는 과제

공공신학은 정의롭고 평등한 공동체 형성과 더불어, 더 넓은 의미에서 정의롭고 평등한 공적 영역의 형성을 위해서도 많은 노력을 기울인다. 여기에서는 에큐메니칼신학에 기초한 공공신학이 필요하리라고 본다. 비록 에큐메니칼신학에 대한 평가가 신학적 경향에 따라서 다를 수는 있지만, 필자는 에큐메니칼신학이 강조하는 신학과 신앙의 공적 책임이라는 관점을 긍정적으로 수용하고자 한다. 에큐메니칼신학은 1) 증거, 2) 일치, 3) 봉사 등과 같은 세 가지 핵심적인 비전과 이에 기초한 실천을 지향하는데, 특히 첫 번째와 세 번째가 여기에서 중요하다. 즉, 사회적 불의, 폭력, 전쟁, 가난, 환경파괴 등에 대항하여 예언자적 목소리를 계속 유지하는 가운데 선교와 전도 사역을 감당할 수 있도록 지원하는 것, 여러 종교가 공존하는 오늘의 다종교적 상황에서 종교 간의 대화와 협력을 위해서도 노력하는 것, 세계 여러 곳의 소외되며, 억압받고, 가난한 자들을 섬기고 지원하도록 노력하는 것 등이다.[64] 물론 이러한 과제들을 실천하기 위해서는 각 기독교학교의 상황에 따른 조절이 필요할 것이다.

이러한 맥락에서 기독교학교는 학교 차원과 공교육의 차원을 넘어서서 공적 영역에서 이루어지고 있는 공공선을 지향하는 주요 이슈에 참여하고 담론을 형성하는 과제를 수행해야 할 것이다. 물론 공교육의 중요한 이슈도 여기에 포함될 수도 있지만 이를 분리하여 다루고자 한다. 예를 들어 기독교학교의 공공성, 공적 책임의 수행과 연관하여 공적 영역에서 다루어지는 다음과 같은 다양한 공적 이슈들에 다양한 형태로 참여할 수 있을 것이다.

교육영역: 교육의 공공성, 평등성, 입시, 사교육, 학교폭력

정치영역: 정의롭고, 평등한 거버넌스, 정치개혁, 남북통일

경제영역: 신자유주의적인 경제적 지구화, 경제적 양극화의 심화,
　　　　　생명살림 경제

문화영역: 다문화 정책, 대중문화 정책

생태영역: 기후붕괴, 핵 발전과 핵무기, 생명살림

이러한 공적 이슈에 대하여 숙의하는 과정에 참여하면서 기독교학교는 기독교적 비전과 가치관 또는 세계관에 기초하여 공공성의 개념 확장과 심화에 기여할 수 있을 것이다. 예를 들어, '공적 영역에서 생태계의

64　에큐메니칼신학과 선교에 대하여 다음을 참고할 것. 이형기, 『세계교회협의회와 신학』 (서울: 북코리아, 2013). 안승오, "교회성장학의 관점에서 본 에큐메니칼 신학 이해," 『선교와 신학』 제27집(2011. 봄호), 79~107. 양낙흥, "세계교회협의회의 선교신학 분석과 평가," 『선교와 신학』 제28집(2011. 가을호), 223~58.

위기를 극복하기 위하여 어떠한 가치와 비전이 필요한가?'라는 논의가 진행될 때, 창조세계를 위한 청지기로서의 인간이라는 기독교적 비전과 세계관을 제시함으로써 생태계 위기 극복을 위한 다양한 관점에 기여할 수 있는 것이다.

4) 학제적 대화 능력의 양육

공공신학은 공공의 선을 지향하는 가운데 다양한 공적 이슈들을 해결해 나가기 위하여 학제적 대화(interdisciplinary dialogue)의 능력을 중요하게 간주한다는 점을 우리는 주목할 필요가 있다. 공공신학은 독백이 아니라 대화를 강조하는 신학이다. 공공신학이 학제적 대화를 강조하는 이유는 후기 정보화의 맥락에서 일어나고 있는 지식과 정보의 폭발적인 증가와 동시에 오늘날 공적 영역에서 이루어지는 사안들이 어떠한 한 가지의 학문, 전통, 관점으로는 다루기 힘든 난제들을 많이 포함하고 있기 때문이다.

하워드 가드너(Howard Gardner, 1943~)는 『미래 마인드: 미래를 성공적으로 이끌 다섯 가지 마음능력』에서 1) 훈련된 마음(disciplined mind), 2) 종합하는 마음(synthesizing mind), 3) 창조하는 마음(creating mind), 4) 존중하는 마음(respectful mind), 5) 윤리적인 마음(ethical mind) 등을 미래시대에 성공적으로 살아가기 위해 필요한 마인드로 제시한다. 이 가운데 종합하는 마음은 학제적 대화 능력과 깊이 연관되어 있는데, "다양한 출처로부터 정보를 얻고, 그 정보를 객관적으로 이해하고 평가하며, 그것을 자신과 다른 사람들이 이해할 수 있도록 구성하는 마음"이다.[65] 가드너에 의

---

65 Howard Gardner, *Five Minds for the Future*, 김한영 역, 『미래 마인드: 미래를 성공적으로 이끌 다섯 가지 마음능력』(서울: 재인, 2008), 11.

하면 오늘의 전문인들은 "현 단계의 지식을 종합하고, 새로운 발견들을 통합하며, 새로운 문제점들을 찾아내는" 능력을 가져야 한다.[66] 가드너가 말하는 종합하는 마음은 분산된 정보원(情報源)들을 함께 묶어서 하나의 통일체로 만드는 능력이다.

종합하는 마음에서는 학제적 연구(interdisciplinary study)가 강조되는데 이는 두 가지의 학문을 단지 병치하는 것(학과적 병렬)이 아니라 상승적 통합을 추구하는 것을 뜻한다.[67] 그런데 이러한 좋은 통합에 이르기 위해서 "하나의 쟁점이나 문제를 설명할 때 여러 가지 관점에서 분석"하는 "다관점주의(multiperpectivalism)"를 필요로 한다.[68] 이것은 학과적 관점에서 다양한 학과의 관점을 활용하는 것과 동시에 다양한 경제적·사회적·인종적 민족적 배경을 지닌 사람들이 해결책을 함께 모색하는 것을 뜻하기도 한다.

공공신학은 이와 같이 공적 영역에서 일어나는 다양한 형태의 복합적인 공적 사안들을 해결해 나가기 위해서 신학 외의 다양한 학문 및 전통들과의 대화를 격려한다. 기독교학교의 공공성과 공적 책임 수행에 있어서 이러한 학제적 대화의 능력을 양육하는 것은 매우 중요한 과제이다. 이것은 기독교교학교가 구성원들의 공적 신앙/공적 영성을 양육하고, 공공성에 기초하여 학교를 개혁해 나가고, 공교육을 바로 세워나가며, 공적 영역에서 공공의 선에 참여하도록 하기 위하여 구성원들에게 다양한 학문 전통들과 대화하는 능력을 양육하는 것을 뜻한다. 이는 공공의 선을 위하여 하나님에 관한 지식과 세상의 지식을 통합해 나가는 작업이다. 각 개별 교과목의 교수-학습에 있어서도 기독교적 관점에 기초하여

---

66 Gardner, 김한영 역, 『미래 마인드: 미래를 성공적으로 이끌 다섯 가지 마음능력』, 17.
67 Gardner, 김한영 역, 『미래 마인드: 미래를 성공적으로 이끌 다섯 가지 마음능력』, 82.
68 Gardner, 김한영 역, 『미래 마인드: 미래를 성공적으로 이끌 다섯 가지 마음능력』, 105.

공동의 선을 추구해 나가는 방법과, 또는 공적인 이슈들을 해결해 나가는 방법을 가르쳐야 하지만, 또한 이러한 목적을 위하여 다양한 교과목들이 서로 어떻게 대화하고 통합되어야 하는지를 또한 교사들이 먼저 인식하고 이를 학생들에게 가르쳐야 할 것이다. 비록 대학에서처럼 전문적인 차원의 학제적 대화는 힘들겠지만, 청소년들이 앞으로 더욱 더 전문적인 대화를 할 수 있도록 기본적인 개념과 큰 그림을 그려주는 작업이 필요할 것이다.

VI. 나가는 말

자율성과 공공성의 문제는 기독교학교가 풀어나가야 할 가장 중요한 과제일 것이다. 지금까지 기독교학교에 대한 논의는 우리나라의 특수한 현실로 인하여 주로 자율성의 주제에 초점을 많이 맞추어 왔다. 정부 주도의 교육정책으로 인하여 기독교학교가 본래의 설립 목적을 제대로 실현해 나가지 못하는 상황에서 이는 당연한 결과라고 할 수 있을 것이다. 이에 대한 논의는 앞으로도 계속 이루어져야 할 것이다. 그러나 기독교학교가 동시에 노력을 기울여야 할 내용은 바로 공공성에 대한 기여의 문제이다. 기독교학교가 자율성의 문제에만 매몰된다면 사실상 기독교학교의 원래 설립정신을 살려나가는 데 있어서 절반만을 강조하는 것이 되기 때문이다. 우리가 기독교학교들의 설립이념과 목적을 다시 한 번 자세히 살펴보면, 물론 차이는 있지만, 예외 없이 그 속에 자율성과 더불어 공공성의 차원이 반드시 포함되어 있음을 발견하게 된다. 따라서 공공성의 문제는 기독교학교의 설립 이념과 목적을 온전하게 실현하기 위한 또 다른 반쪽이다. 이제 양자의 관계를 서로 대립적으로 볼 것이 아니라 서로가 서로를 강화시켜 주고, 상승시켜 주는 관계로 바라보면서 후자에 대한 관심과 논의가 지속적이고 체계적으로 이어져야 할 것이다.

더 나아가 기독교학교의 공공성을 강화해 나가는 문제는 현재 한국교회가 경험하고 있는 대사회적 위기를 극복해 나가는 데 있어서 매우 중요한 작업이라 할 수 있다. 교회와 가정이 공적신앙을 양육해 나가는 중요한 현장이기는 하지만 기독교학교가 여기에 연계되지 않으면 그 효과는 반감될 것이다. 기독교학교의 설립 목적을 온전히 실현해 나가고 한국교회의 지속적인 개혁을 위하여 기독교학교의 공공성 실현이 매우 중요한 과제임을 다시 깨닫고 이에 대한 지속적인 논의와 실천이 이어져야 할 것이다.

참 · 고 · 문 · 헌

강영택. "종교교육의 개념과 유형." 강영택 외. 『종교교육론』. 서울: 학지
　　사, 2013, 13~28.
강영혜. "교육과 정치." 『교육학대백과 사전 1』, 454~459.
강희천. "최근 신학과 기독교교육학의 과제." 『기독교교육 정보』 제3집
　　(2001), 341~371.
고용수. "교육과 목회: L. O. Richards의 교육신학." 『교육교회』 통권 93호
　　(1983년 6, 7월).
＿＿＿. "기독교교육의 신학적 접근이론: 1950년대 Neo-orthodoxism에
　　기초한 교육사상을 중심으로." 『교회와 신학』 제20집(1988), 301
　　~35.
＿＿＿. 『만남의 기독교교육사상』. 서울: 장로회신학대학교출판부, 1994.
기독교학교교육연구소. 『기독교학교 역사에 길을 묻다』. 서울: 예영커뮤
　　니케이션, 2013.
김경재. 『폴 틸리히의 생애와 사상』. 서울: 대한기독교서회, 1990.
김도일 편. 『미래시대, 미래세대, 미래교육』. 서울: 도서출판 한교, 2013.
김득중. 『사도행전 연구』. 서울: 도서출판 나단, 1989.
김병성. "학력격차 결정 요인." 『교육학대백과 사전 3』, 2755~64.
김봉진. "글로벌 공공철학으로써의 한 사상." 김상일 외. 『한류와 한사상:
　　한류의 세계화를 위한 한사상의 이론과 실제』. 서울: 모시는사람
　　들, 2009, 143~80.
김신일. "교육사회학." 『교육학대백과 사전 1』, 616~26.
김신일. 『교육사회학』. 서울: 교육과학사, 2003.
김호경. "하나님 나라의 공공성: 신약성서의 공공성." 임성빈 외. 『공공신
　　학』. 서울 : 예영커뮤니케이션, 2009.
나민주. "사립학교." 『교육학대백과 사전 2』, 1365~72.
나병현. "공교육의 의미와 교육의 공공성 문제." 『한국철학』 제29집(2006),
　　549~70.
류방란. "계급 형성과 학교교육." 『교육학대백과 사전 1』, 86~89.
박상진. 『기독교교육과 사회』. 서울: 한국기독교교육학회, 2010.
손규태. 『하나님 나라와 공공성: 그리스도교 사회윤리 개론』. 서울: 대한
　　기독교서회, 2010.

새세대교회윤리연구소 편. 『공공신학 어떻게 실천할 것인가?』. 서울: 북
　　　코리아, 2008.
______. 『공공신학이란 무엇인가?』. 서울: 북코리아, 2008.
안승오. "교회성장학의 관점에서 본 에큐메니칼신학 이해." 『선교와 신학』
　　　제27집(2011, 봄호), 79~107.
양낙흥. "세계교회협의회의 선교신학 분석과 평가." 『선교와 신학』 제28집
　　　(2011, 가을호), 223~58.
오인탁 외. 『기독교 교육사』. 서울: 도서출판 교육목회, 1994.
은준관. 『교육신학(전면개정판)』. 서울: 도서출판 동연, 2013.
이돈희. "공교육제도의 발달." 『교육학대백과 사전 1』, 138~43.
이돈희. 『교육정의론』. 서울 : 교육 과학사, 1999.
이윤경. "구약성서에 나타난 공공신학." 임성빈 외. 『공공신학』. 서울: 예영
　　　커뮤니케이션, 2009, 35~67.
이종렬. "시민교육." 『교육학대백과 사전 2』. 1741~45.
이종태. "교육의 공공성 개념의 재검토: 공공성 논쟁의 분석과 개념의 명
　　　료화를 위한 논의." 『한국교육』. 33:3(2006), 3~27.
이학준. 『한국교회, 패러다임을 바꿔야 산다』. 서울: 새물결 플러스, 2011.
이형기 외. 『공적신학과 공적교회』. 서울: 킹덤북스, 2010.
이형기. 『세계교회협의회와 신학』. 서울: 북코리아, 2013.
이혜영. "교육평등론." 『교육학대백과 사전 1』 . 805~11.
임의영. "공공성의 유형화." 『한국행정학보』 44:2(2010, 여름), 1~21.
임창복, 이형기 편. 『몰트만 신학과 기독교교육』. 서울: 한국기독교교육
　　　교역연구원, 2007.
임창복, 최윤배 공저. 『개혁신학과 기독교교육: 칼빈의 하나님지식 · 인
　　　간지식 신학과 하나님지식 · 인간지식 교육』. 서울: 한국장로교출
　　　판사, 2007.
임창복. 『기독교교육과 신학』. 서울: 장로회신학대학교출판부, 2001.
장신근. "그리스도인의 삶과 공공성: 공적 삶에 기여하는 그리스도인을
　　　양육하는 기독교교육." 임성빈 외. 『공공신학: 한국교회의 사회
　　　적 섬김에로의 초대』. 서울: 예영커뮤니케이션, 2009, 119~35.
______. 『공적실천신학과 세계화시대의 기독교교육』. 서울: 장로회신학
　　　대학교출판부, 2007.
______. "통전적 기독교교육의 모색: 삼위일체론적 모델의 기독교교육을
　　　중심으로." 임성빈 편. 『통전적 신학의 모색: 제5,6,7회 춘계신학

강좌』.(서울: 장로회신학대학교출판부, 2012), 147~238.

장영호. "상식과 공공성 개념에 기초한 민주시민교육 방안." 『한국 민주시민 교육학회보』. 12:1(2007), 60~105.

정재걸. "사학의 기원과 발달." 『교육학대백과 사전 2』, 1372~77.

한준상. 『교육사회학 이론과 연구방법론』. 서울 : 한국학술정보, 2002.

한춘기. 『기독교교육신학 1』. 서울: 한국기독교교육학회, 2005.

Bonhöffer, Dietrich. *Gemeinsames Leben*. 정지련, 손규태 역. 『신도의 공동생활·성서의 기도서』. 서울: 대한기독교서회, 2010.

Boys, Mary ed. *Education for Citizenship and Discipleship*. New York: Pilgrim Press, 1989.

______. *Educating in Faith*. 유재덕 역. 『현대 종교교육의 지형과 전망』. 서울: 하늘기획, 2006.

______. *Educating in Faith: Maps and Visions*. San Francisco: Harper & Row, 1989.

Breitenberg, E. Harold. "To Tell the Truth: Will the Real Public Theology Please Stand Up?" *Journal of the Society of Christian Ethics*. 23:2 (2003), 55~96.

Brueggemann, Walter. "The Legitimacy of a Sectarian Hermeneutics: 2 Kings 18~19." Mary Boys ed. *Education for Citizenship and Discipleship*. New York: Pilgrim Press, 1989, 3~34.

______. *The Creative Word: Canon as a Model for Biblical Education*. 『창조적인 말씀을 통한 기독교교육: 성서교육의 모델로서의 정경(개정판)』. 서울: 한들출판사, 2011.

Bushnell, Horace. *Christian Nurture*. 김도일 역. 『기독교적 양육』. 서울: 장로회신학대학교출판부, 2004.

Coe, George A. *Social Theory of Religious Education*. 김도일 역. 『종교교육사회론』. 서울: 그루터기하우스, 2006.

Coleman, John. "두 가지 교육: 제자직과 시민직." Mary Boys ed. *Education for Citizenship and Discipleship*. 김도일 역. 『제자직과 시민직을 위한 교육』. 서울: 장로교출판사, 1999, 67~121.

Elliott, Harrison. *Can Religious Education Be Christian?* New York: Macmillan, 1940.

Fahs, Sophia. *Today's Children and Yesterday's Heritage: A Philosophy of Creative Religious Development*. Boston: The Beacon Press, 1952.

Ford, David. *Modern Theologians*. 류장열 외 공역. 『현대 신학과 신학자들』. 서울: 기독교문서선교회, 2006.

Fowler, James. *Weaving the New Creation*. 박봉수 역. 『변화하는 시대를 위한 기독교교육』. 서울: 한국장로교출판사, 1996.

Freire, Paulo. *Pedagogy of the Oppressed*. 남경태 역. 『페다고지』. 서울: 그린비, 2002.

Freire, Paulo. et al. 김쾌상 외 역. 『민중교육론: 제3세계의 시각』. 서울: 한길사, 1989.

Gardner, Howard. *Five Minds for the Future*. 김한영 역. 『미래 마인드: 미래를 성공적으로 이끌 다섯 가지 마음능력』. 서울: 재인, 2008.

Graham, Elaine et. al. eds. *Theological Reflection: Methods*. London: SCM Press, 2005.

Groome, Thomas. *Will There be Faith?: A New Vision for Educating and Growing*. New York: 2011.

______. *Educating for Life*. 김도일 역. 『생명을 위한 교육』. 서울: 장로회신학대학교출판부, 2001.

Gutierrez, Gustavo. *Theology of Liberation*. 정수복 역. 『해방신학』. 왜관: 분도출판사, 1987.

Hooft, Visser't. 이형기 역. 『WCC의 기원과 형성』. 서울: 한국장로교출판사, 1993.

Kim, Sebastian. *Theology in the Public Sphere: Public Theology as a Catalyst for Open Debate*. Croydon, UK: SCM Press, 2011.

Melchert, Charles. *Wise Teaching*. 김도일, 송남순 역. 『지혜를 위한 교육』. 서울: 한국장로교출판사, 2002.

Migliore, Daniel. *Faith Seeking Understanding: An Introduction to Christian Theology*. 신옥수, 백충현 역. 『기독교 조직신학개론(전면개정판)』. 서울: 새물결플러스, 2012.

Miller, Randolph. Ed. *Theologies of Religious Education*. 고용수, 박봉수 공역. 『기독교 종교교육과 신학』. 서울: 한국장로교출판사, 1998.

Miller-McLemore, Bonnie. "Five Misunderstandings about Practical Theology." *International Journal of Practical Theology*. 16:1(2012), 5~26.

______. "Toward Greater Understanding of Practical Theology." *Interna-*

tional Journal of Practical Theology. 16:1 (2012), 104~123.

Moltmann, Jürgen. *Gott im Projekt der modernen Welt*. 곽미숙 역. 『세계 속에 있는 하나님: 하나님 나라를 위한 공적인 신학의 정립을 지향하며』. 서울: 도서출판동연, 2008.

Moore, Mary. *Teaching as a Sacramental* Act. Cleveland, OH: The Pilgrim Press, 2004.

Mouw, Richard. *He Shines in All That's Fair*. 권혁민 역. 『문화와 일반은총』. 서울: 새물결 플러스, 2012.

Newbigin, Lesslie. *The Gospel in a Pluralist Society*. 홍병룡 역. 『다원주의 사회에서의 복음』. 서울: IVP, 2007.

Osmer, Richard R. & Friedrich Schweitzer. *Religious Education between Modernization and Globalization: New Perspectives on the United States and Germany*. Grand Rapids, MI: Wm. B. Eerdmans Publishing Co. 2003.

Osmer, Richard. *Teaching ministry of congregation*. 장신근 역. 『교육목회의 새로운 패러다임』. 서울: 대한기독교서회, 2007.

Pazmino, Robert. *Foundational Issues in Christian Education*. 박경순 역. 『기독교교육의 기초』. 서울: 도서출판 디모데, 2003.

Richards, Lawrence. *Theology of Christian Education*. 문창수 역. 『교육신학과 실제』. 서울: 정경사, 1980.

Russell, Letty. *Christian Education in Mission*. 정웅섭 역. 『기독교교육의 새 전망』. 서울: 대한기독교서회, 1991.

Schipani, Daniel. *Religious Education Encounters Liberation Theology*. Birmingham, AL: Religious Education Press, 1988.

Seymour, Jack. & Donald Miller. *Theological Approaches to Christian Education*. 김재은 임영택 공역. 『기독교교육과 신학의 대화』. 서울: 성광문화사, 1994.

Sherrill, Lewis. *The Gift of Power*. 『만남의 기독교교육』. 서울: 대한기독교출판사, 1981.

Smart, James. 장윤철 역. *The Teaching Ministry of The Church*. 『교회의 교적 사명』. 서울: 대한기독교교육협회, 1990.

Storrar, William & A. Morton eds. *Public Theology for the 21st Century: Essays in Honour of Duncan B. Forrester*. London: T & T Clark, 2004.

Theissen, Gerd. *Religion der ersten Christen: eine Theorie des Urchristen-*

tums. 박찬웅, 민경식 역. 『기독교의 탄생』. 서울: 대한기독교서회, 2009.

Thomson, Norma. *Religious Education and Theology*. 손승희 역. 『종교교육과 신학』. 서울: 한국신학연구소, 1990.

Van Elderen, Marlin. 이형기 역. 『WCC 40년사』. 서울: 한국장로교출판사, 1993.

Volf, Miroslav. *Public Faith*. 김명윤 역. 『광장에 선 기독교』. 서울: IVP, 2014.

WCC. 『경제 세계화와 아가페운동』. 서울: 흙과 생기, 2007.

1. 공공성, 교육의 공공성, 사립학교로서 기독교학교의 공공성에 대한 글의 내용을 요약하고, 저자가 제시한 기독교학교의 공적 책임과 관련된 과제를 구체적으로 실현할 수 있는 방안에 대해 토론해 보자.

2. 성서와 신학, 교회의 역사에서 나타나는 세 가지 차원의 공공성 개념을 정리하고, 각 차원을 기독교학교에서 구체화하기 위해서는 기독교학교의 교육목적, 교육과정, 교육방법, 교육내용, 교육행정(학교 운영) 등의 측면이 어떻게 구성되어야 하겠는지 토론해 보자.

3. 교육신학적 측면에서 공공성에 접근할 수 있는 다양한 길을 글을 중심으로 정리하고, 자신의 입장과 가까운 교육신학을 토대로 하여 기독교학교의 공공성을 구체화할 수 있는 방안에 대해 토론해 보자.

4. 기독교학교의 공공성에 대한 신학적 기초로서의 공공신학을 정리하고, 공공신학에 기초한 기독교학교의 비판점과 당면과제에 대해 토론해 보자.

2장
기독교대안학교의 공공성

박상진 교수(장로회신학대학교 기독교교육학)

2장 기독교대안학교의 공공성[1]

I. 들어가는 말

한국의 기독교학교의 역사는 아펜젤러와 언더우드에 의하여 1884년 과 1885년에 각각 배재학당과 경신학교가 설립됨으로 시작된다. 그 이후 한국교회와 토착교인들에 의해서 수많은 기독교학교들이 세워지게 된 다. 당시의 기독교학교는 정의와 애국심을 가르침으로써 민족교육의 보루가 되었고, 일제의 억압에 저항하는 항일 정신을 고취함으로써 일제 식민지 시대 항일운동의 진원지가 되었다.[2] 그래서 기독교인들만이 아니라 비기독교인들도 자기 자녀들을 기독교학교에 보낼 뿐만 아니라 심지어 개종까지 시킬 정도로 호감을 나타내 보이기도 하였다.[3]

오늘날 한국에는 많은 기독교학교들이 존재하며 계속해서 기독교대 안학교들이 많이 설립되고 있다. 기독교학교교육연구소가 조사한 통계

1　본 글은 2013년 11월 16일(토)기독교학교교육연구소에서 "기독교학교와 공공성"을 주제로 개최한 학술대회에서 발표하였고, 후에 『교회와 신학』 통권 78집(2014.2) 405~435에 요약하여 게재한 것을 수정, 보완하여 이 책에 수록하게 되었음을 밝힌다.

2　박상진, 『기독교학교교육론』(서울: 예영커뮤니케이션, 2006), 149.

3　박용규, "대부흥운동이 기독교학교 설립에 끼친 영향," 『평양대부흥운동과 기독교학교』 (서울: 예영커뮤니케이션, 2007), 86.

에 의하면 2012년 현재 121개교의 기독교대안학교들이 설립되어 있다.[4] 이러한 기독교대안학교들은 기존의 학교교육이 지니는 한계점을 지적하고 이를 극복하는 기독교적 대안성을 추구하고 있다. 미션스쿨에서조차 성경수업과 예배를 제대로 진행할 수 없는 교육현실 속에서 명실상부한 기독교교육을 실천하기 위한 다양한 노력들이 경주되고 있다.

그런데 기독교대안학교들에 대한 비판적 시각도 적지 않다. 일반 대안교육운동가들 중 일부는 기독교대안학교가 진정한 의미에서 대안학교인지에 대해 의문을 제기하며 다음 세 가지 점을 비판하고 있다. 첫째는 기독교대안학교가 어린 학생들에게 특정 종교를 강요하는 교육을 하고 있다는 점, 둘째는 기독교대안학교가 미국 지향적 성격을 지니고 있다는 점, 셋째는 기독교대안학교가 특정계층을 위한 입시 위주의 학교라는 점 등이다.[5] 또 김철주와 고병철은 "한국 종립 대안학교의 종교교육과 대안성"이라는 논문에서 기독교대안학교들이 기존의 미션스쿨의 종교교육에 대한 대안으로 더 폐쇄적인 신앙교육을 시행하고 있다고 비판한다. 그들은 종교계 대안학교도 대안학교의 범주에 포함되는 한 기독교대안학교들도 일반 대안교육의 정신에 근거한 대안성을 지녀야 한다고 주장한다. 특히 다종교, 다문화 사회에서 '상호작용'과 '상호보살핌,' 그리고 '개방된 공동체성' 등이 요청된다는 점에서 현재 특정 종교의 세계관과 의례를 강조하는 종립 대안학교는 대안성의 조건을 갖추었다고 보기 어렵다고 파악한다.[6]

이러한 기독교대안학교에 대한 비판 중 큰 비중을 차지하고 있는 것

---

4 기독교학교교육연구소, 『기독교대안학교 가이드』(서울: 예영커뮤니케이션, 2012), 18.

5 현병호, "대안학교의 정체성 찾기" 『민들레』 통권 32호(2004년 3 · 4월호), 33~37.

6 김철주, 고병철, "한국 종립대안학교의 종교교육과 대안성," 『정신문화연구』 제34권 제3호, 108.

이 기독교대안학교가 공공성을 결여하고 있다는 지적이다. 물론 기독교대안학교는 공립학교도 아니며 대부분은 공교육체계 속에 편입되어 있지도 않다. 개별 학교의 건학 이념과 부모의 자녀교육에 대한 관심이 존중되는 자율적인 학교로 운영될 수 있다. 그러나 기독교대안학교도 교육기관으로서 그리고 학교로서의 공적 책임이 있다. 기독교대안학교는 어떤 공공성을 지녀야 하는가? 본 글은 기독교대안학교가 어느 정도 공공성을 지니고 있는지를 진단하고 그 대안을 모색하기 위한 것이다. 이를 위해서 먼저 공공성의 개념을 이해하고, 기독교적 교육 공공성이 무엇인지를 명료화하고, 그 기준에 근거할 때 한국의 기독교대안학교가 어느 정도 공공성을 지니고 있는지, 기독교대안학교의 교육이념과 교육과정에 나타난 공공성에 초점을 맞추어 파악하려고 한다.

II. 기독교적 교육 공공성 이해

기독교대안학교가 공공성을 지녀야 한다면 어떤 공공성일까? 국·공립학교에게 요구되는 공공성과 동일한 공공성이 요구되는가? 기독교학교로서 요청되는 공공성의 특징은 무엇인가? 기독교학교의 공공성을 논의하려면 이러한 질문들에 답하여야 한다. 먼저 공공성이 무엇을 의미하는지 살펴보자.

독일의 헌법학자 루돌프 스멘트(Rudolf Smend, 1851~1913)에 의하면 공공성에는 다섯 가지 의미요소가 포함되어 있다. 첫째, 공공성은 공공연함, 즉, 일반적 이익의 영역에 대한 접근 가능성을 의미하며, 둘째, 공공성은 공개적 토론을 비롯한 공개적 절차를 통해서 정의가 획득된다는 의미가 포함되며, 셋째, 공공성은 단지 수단이 아닌 목적으로서 고양된 의미를 내포하며, 넷째, 공공성은 집단적 생활 영역의 주체인 인민을 의미하며, 다섯째, 공공성은 현대 국가의 가장 고유한 과제의 본질을 의미한다.[7]

조한상은 그의 책 『공공성이란 무엇인가』에서 이러한 공공성의 의미를 세 가지 의미요소로 정리하고 있다. 첫 번째는 인민이며, 두 번째는 공동체의 복리, 즉 공공복리이고, 세 번째는 공개성이라는 것이다.[8] 공공성은 특정 개인이 아닌 인민, 시민, 국민을 위한 것임을 강조하며, 사익이 아닌 공공의 유익을 추구하며, 이를 위해서는 모두가 참여하여 의사소통할 수 있는 공개적 커뮤니케이션이 이루어져야 함을 의미한다. 조한상은 이런 논의를 통해 공공성을 다음과 같이 정의 내리고 있다. "공공성은 자유롭고 평등한 인민이 공개적인 의사소통의 절차를 통하여 공공복리를 추구하는 속성이다."[9]

기독교학교의 공공성은 이러한 일반적인 개념으로서 '공공성'에 기초하되 '교육의 공공성'과 '기독교적 공공성'이라는 두 가지 특성을 동시에 지닌 공공성이 되어야 할 것이다. 여기에서는 교육의 공공성에 대한 논의를 먼저 검토하고, 기독교적 공공성으로서 하나님 나라의 특성을 검토한 후, 이 두 가지를 통합한 '기독교적 교육 공공성'의 기준을 제안하고자 한다.

1. 교육의 공공성

교육의 공공성이 무엇을 의미하는지에 대한 합의가 존재하지는 않는

7　조한상, 『공공성이란 무엇인가』(서울: 책세상, 2009), 21.
8　위의 책, 22.
9　위의 책, 34.

다. 공공성이라는 개념을 사용하는 사람의 의도에 따라 다양하게 사용되고 있다. 일반적으로 공공성을 말할 때 그 주체가 국가나 공공기관인 경우를 일컫는 경향이 있다. 반대로 주체가 개인인 경우에는 사사성 또는 사적 영역으로 간주되는 것이다.

그런데 이러한 입장에 대해 비판적 시각을 갖는 경우도 있다. 이종태는 교육의 공공성에 대한 몇 가지 오해를 바로잡고 있다. 대체적으로 교육의 공공성을 국가 개입을 통한 불평등의 해소로 보는 경향이 있다. 반신자유주의자들에게서 발견될 수 있는 입장이다. 교육의 시장 편입이 바로 교육의 공공성 상실을 의미한다고 이해하며, 국가가 공공성을 높이기 위해서는 더 개입하여야 한다고 보는 것이다.[10] 그러나 이러한 교육의 공공성에 대한 이해는 교육에 대한 국가의 독점이나 통제를 야기할 수 있는 딜레마가 있다. 교육의 주체가 누구인가보다 더 중요한 것은 궁극적으로 교육이 어떤 기능을 수행하느냐의 문제이다. 교육의 주체가 개인이나 사적인 단체라고 하더라도 공적 이익을 추구하면 공공성이 있는 것이고 반대로 교육의 주체가 국가기관이나 공적인 단체라고 할지라도 사적 이익을 추구하면 공공성이 약한 것이라고 할 수 있다. 이종태는 이러한 입장에서 다음과 같이 공교육에 대한 재개념화를 시도하고 있는 고길섶의 글을 인용하고 있다.

"일반적으로 공교육은 사교육과 대칭되는 개념으로 사용되고 있다. 그러나 공교육은 공공성 개념에 기반한 경로이고 사교육은 그렇지 못하다고 이분화할 수 없다.… 사설학원이라 해도 교육의 공공적 기능에 충실하다면 우리는 얼마든지 공공 영역이라고 부를 수 있을 것이다."[11]

---

10 이종태, "교육의 공공성 개념의 재검토: 공공성 논쟁의 분석과 개념의 명료화를 위한 논의," 『한국교육』, 2006, Vol. 33, No. 3, 6.

11 고길섶, "주어진 공공성에서 만드는 공공성으로" 『중등우리교육』(2001. 4), 70. 이종태,

이종태는 이런 점에서 교육의 공공성은 교육기관의 설립 주체나 운영 주체가 국가나 공공단체인 것에 달려 있는 것이 아니라 '교육의 공공적 기능'에 근거해 있다고 주장한다. 이는 국·공립학교이기 때문에 더 공공적인 것이 아니며, 사립학교, 더 나아가 공교육체계를 벗어나 자율적으로 설립된 대안학교도 '교육의 공공적 기능'을 수행한다면 얼마든지 공공성을 추구하는 교육으로 인정될 수 있음을 보여주고 있다. 국가가 관리하는 국·공립학교라고 하더라도 개인의 출세를 지향하는 입시 위주의 교육이라면 공공성이 낮은 것이고, 국가가 아닌 개인이나 단체에 의해 교육이 운영되더라도 이웃을 봉사하고 공공선을 실현하는 교육이 이루어진다면 공공성이 높은 교육이라고 할 수 있다.

교육의 공공성이 국가의 교육주도성과 일치하는 것이 아니라고 해서 공공성을 부인하거나 교육의 시장화를 허용해서도 안 될 것이다. 교육의 공공성은 획일적인 국가 주도 교육을 극복하면서도 신자유주의적 경쟁 체제도 극복할 수 있어야 한다. 이런 점에서 교육의 공공성 개념이 국가 교육으로 전락되는 것을 막으면서도 교육이 시장화되는 것도 막을 수 있는 제3의 방식으로 이해하는 엄기호의 주장은 주목할 만하다. 그는 "국가와 시장을 넘어: 교육의 공공성 개념을 재구성하기 위하여"라는 글에서 교육의 공공성 개념을 명료화시키려고 하고 있다. 그는 교육 개혁에 대해 진보적인 입장을 취하는 입장을 두 진영으로 구분하고 있다.[12] 하나는 교육에 있어서 자율화 확대와 수월성 추구를 주장하는 신자유주의를 적극적으로 비판하면서 교육의 공공성을 주장하는 입장이다. 다른 하나

"교육의 공공성 개념의 재검토: 공공성 논쟁의 분석과 개념의 명료화를 위한 논의," 7에서 재인용.

12 엄기호, "국가와 시장을 넘어: 교육의 공공성 개념을 재구성하기 위하여," 『중등우리교육』(2001. 4), 48.

는 지금의 소위 대량생산체제와 같은 획일적인 교육이 아닌 '다품종 소량생산체제'에 필요한 창의성과 다양성을 강조하는 교육을 주장하는 입장이다. 엄기호는 이 중 어느 입장의 오류에도 빠지지 않을 수 있는 것을 다음과 같이 설명한다.

> "필자는 기본적으로 교육의 사영화를 막고 공교육을 강화해야 한다고 생각한다. 그러나 이때의 공교육이란 차별의 심화를 방지하기 위한 '교육 시스템으로서의 공교육'이지, '모든 교육내용과 형식이 동일해야 한다'는 의미로서의 공교육은 아니다. 전자는 강화되어야 하지만 후자는 해체되어야 한다."[13]

즉, 그는 평등한 교육을 추구하는 공교육을 인정하면서도 교육내용과 형식의 자율성을 포기해서는 안 된다고 주장한다. 그리고 교육 권력이 국가와 시장을 넘어 제3의 공간으로 분산되기 위해서는 교사, 학부모, 학생 등 교육의 주체가 형성되어야 함을 제안한다.[14] 그는 자율성과 공공성을 대칭 개념으로 이해하지 않고 있음을 분명히 하고 있다.

자율을 오히려 교육 공공성의 조건으로 이해하는 입장이 있다. 서덕희는 교육의 본질적 공공성을 실현하기 위한 세 가지 조건을 들고 있는데, 차이, 자율, 그리고 평등이다. 모두를 위한 교육이 되기 위해서는 구성원의 다양한 차이를 인정하고 그 차이를 고려한 다양한 접근의 교육이 용인되어야 한다. 즉, "차이는 누구나 가르침과 배움의 가치를 풍요롭게 향유할 수 있는 조건"이 되는 것이다.[15] 그리고 교육의 공공성을 위해

---

13 위의 글, 49.
14 위의 글, 54.
15 서덕희, "또 다시 묻는 질문, 교육의 공공성이란 무엇인가?," 『중등우리교육』(2001, 10),

서는 자율이 필요한데, "자신이 가르치고 배울 수 있는 소재나 방법, 공간을 자율적으로 선택, 구성할 수 있어야 하고 그런 능력을 키울 수 있는 여건을 마련해야 한다."[16] 그리고 모두가 교육의 가치를 누리기 위해서는 평등의 조건이 지켜져야 한다. 만약 경제적인 능력이 부족한 사람에게 교육 접근이 가능하지 못하다면 이는 불평등한 교육이요 교육의 공공성이 실현된다고 보기 어려운 것이다. 서덕희는 공공재로서의 교육을 주장하는 이들의 강조점을 '평등'으로 이해하고, 교육의 공공성으로 '공통의 교육과정'을 주장하는 사람들의 강조점을 '공동체 의식'으로 이해하며, 교육의 공공성을 위해서는 새로운 공공 영역의 구축이 필요하다고 주장하는 사람들의 강조점은 '차이'와 '자율'로 보면서, 교육의 공공성을 실현하기 위해서는 이 모두가 필요하다고 보았다.[17]

나병현은 공공성 이해에 근거해서 공교육의 의미를 분석하고 있는데, 먼저 공공성을 세 가지 의미로 이해하고 있다. 첫째는 공공성을 국가와 관련된 공적인(official) 것으로 보고 있는데, "국가가 법이나 정책 등을 통하여 국민에 대하여 행하는 활동의 특성을 지칭한다."[18] 둘째는 공공성을 모든 사람에 관계된 공통의 것(common)으로 보았는데, 공공복지, 공익, 공공질서 등의 용어가 이 범주에 속한다. 셋째는 공공성을 누구에 대해서도 개방되어 있다(open)는 의미로 보았는데, 누구든 접근하는 것이 거부되지 않는 성격을 지닌다고 할 수 있다. 이러한 공공성 이해에 근거해서 나병현은 공교육을 세 가지 차원으로 이해하고 있는데, 국·공립학교로서의 공교육, 국가가 관장하는 전반적인 교육으로서의 공교육, 그리고

124.

16 위의 글.

17 위의 글, 125.

18 나병현, "공교육의 의미와 교육의 공공성 문제," 『한국교육』, 2002, Vol.29, No.2., 551.

교육 자체가 공공적 성격을 지니기 때문에 모든 교육을 공교육으로 보는 견해 등이다. 또 공공성의 의미에 비추어 공교육에서 '공'의 의미를 다섯 가지 측면에서 접근하고 있는데, 교육의 제공자, 비용의 부담, 교육의 대상, 교육의 내용, 그리고 교육의 목표이다. 첫째, 교육의 제공자라는 측면에서 이해할 때, 공교육은 국가가 제공하는 교육을 의미하는데, 여기에는 국가가 직접적으로 학교를 설립하여 운영하는 것이 아니더라도 교육관계법과 정책을 통하여 교육을 통제, 관리, 지원하는 교육을 모두 포함하는 것이다. 둘째, 비용에 있어서 개인이 그 비용을 부담하는 교육은 사교육이라고 할 수 있고, 공교육은 국가가 국민의 세금으로 조성한 공비로 제공하는 교육을 의미하며 공정한 배분이 전제된다. 셋째, 대상에 있어서 '일반 대중'이면 누구든지 받을 수 있는 교육을 의미한다. 넷째, 내용에 있어서 누구나 알아야 할 보편적인 교육내용을 담고 있어야 한다. 다섯째, 목표에 있어서 공익과 공동선을 추구하는 교육이 공교육이다.[19] 이런 점에서 만약 사립학교라고 하더라도 이러한 기준을 만족시키는 교육이 이루어진다면 공교육이라고 할 수 있고, 만약 국·공립학교라고 하더라도 이러한 기준에서 위배되면 공공성을 확보하지 못한 교육이라고 할 수 있다.

성병창은 교육 공공성을 실제적인 교육활동과 관련된 개념으로 이해하면서, 교육활동을 "교육목표의 달성을 위해 교육행위자가 교육수혜자를 위해 어떤 교육내용을 가지고서 행정·재정적 지원을 통해 행해지는 활동"이라고 정의하고 있다.[20] 그리고 그는 이러한 교육활동을 가능케 하는 네 가지 요소에 있어서 공공성이 구현되는 것을 '교육 공공성'으로 이

19　위의 글, 549~571.
20　성병창, "교육 공공성의 개념 체계와 정립 원리," 『초등교육연구』, 2007. Vol. 20, No. 3., 233.

해하였다. 즉, 그는 교육 공공성을 목표, 대상, 내용, 비용의 요소로 구분하여 그 기준을 설정하였다. 첫째, 교육 공공성은 목표에 있어서 공의와 공익의 가치를 얼마나 갖고 있고 달성하고 있는지의 기준이다. 둘째, 교육 공공성은 보편적인 일반 대중을 교육대상으로 하고 있는지, 차별이 아닌 차이가 인정되는 공중을 대상으로 하고 있는지의 기준이다. 셋째, 교육 공공성은 교육내용에 있어서 공적 지식 생산 능력을 키울 수 있는 교육내용인지의 기준이다. 넷째, 교육받을 권리를 보장하는 충분한 비용 확충과 공정한 배분이 이루어지고 있는지의 기준이다. 이러한 교육 공공성이 구현되기 위해서 요구되는 네 가지 원리가 있다고 보았는데, 평등성의 원리, 보편성의 원리, 자율성의 원리, 전문성의 원리를 들고 있다. 평등성의 원리는 교육은 가치로운 것이기 때문에 누구나 누릴 수 있어야 한다는 원리이며, 보편성의 원리는 '공의'와 '공익'의 가치를 추구하기 위해 모든 사람들에게 공적으로 가치로운 지식을 함양해야 한다는 원리이다. 자율성의 원리는 공적으로 가치 있는 교육내용을 충실하게 제공하기 위해서는 교육자치제와 같이 민주적인 방식으로 참여할 수 있어야 한다는 원리이며, 전문성의 원리는 교육대상들에게 공적으로 가치 있는 지식 생성 능력을 제공하기 위해서는 고도의 전문성이 요구된다는 원리이다.[21]

이상과 같은 논의를 종합해 볼 때, 기독교대안학교도 넓은 의미의 공교육 속에 포함될 수 있으며, 교육이 지녀야 하는 공공성을 확립할 필요가 있다. 그러나 이 공공성은 국가가 주도하는 교육체계에 편입되거나 국가의 직접적인 통제를 받는 것을 의미하지 않는다. 진정한 의미에서의 교육 공공성은 교육 주체가 국가나 공공기관인 것에 달려 있는 것이 아니라 그 추구하는 교육이 공공성을 갖느냐의 문제이기 때문이다. 그리고

---

21 위의 글, 240~242.

교육 공공성은 국가공통교육과정의 획일적인 시행을 의미하지 않는다. 교육에 있어서 차이나 다양성, 자율의 존중이 오히려 공공성과 관련이 있는 것이다. 국가도 시장도 아닌 제3의 교육공간에서 부모와 학생, 교사가 교육의 주체로서 자율적이고 다양한 교육을 추구해 나가되 일부 계층을 위한 엘리트 교육이나 입시 위주의 교육으로 전락하지 않고, 평등과 공공선의 가치를 추구할 수 있어야 한다.

그렇다면 기독교대안학교가 추구해야 할 교육 공공성은 어떤 모습이어야 하는가? 앞에서 논의된 교육 공공성에 대한 공통된 견해는 교육의 목표, 대상, 내용, 지위, 비용이 공적 성격을 지녀야 한다는 것이다.

첫째로 목표에 있어서 공적 성격을 지니는 것은 그 목표가 공익과 공동선을 추구하는 것으로서 개인의 이익이나 출세가 아니라 공적 유익을 추구하는 것을 의미한다. 예컨대 개인의 명문대 입학에 초점을 맞춘 입시 위주의 교육은 공공성이 낮다고 할 수 있다. 기독교대안학교의 경우에도 개인의 상급학교 진학이나 해외 유학을 준비하는 것에만 집중하는 경우는 공공성이 약하다고 할 수 있다. 반대로 타인을 위한 봉사나 공동체와 사회, 국가, 인류를 위한 공동선을 추구한다면 공공성이 강하다고 할 수 있을 것이다. 물론 사익과 공익이 분명히 대칭되는 것이 아니기 때문에 개인의 유익을 추구하면서도 공적 유익에 공헌할 수 있는 가능성도 있을 것이다. 그러나 궁극적으로 추구하는 가치가 공익과 공동선을 지향할 때 공공성을 지녔다고 볼 수 있을 것이다.

둘째, 대상에 있어서 공공성을 지녀야 하는데, 이는 교육대상이 어느 정도 대중에게 개방되어 있느냐의 문제이다. 어떤 계층이나 지위, 사회적 상황에 속한 사람도 차별받지 않고 교육의 혜택을 누릴 수 있을 때 공공성은 강화된다고 할 수 있다. 이는 개인차를 무시하거나 획일적인 교육을 옹호하는 것이 아니라 교육의 접근성이 보장되어야 함을 의미한다. 만약 선발에 있어서 제한조치나 필답고사 시행은 공공성을 저하시킬 수 있다. 기독교대안학교의 경우 특정교회 출석을 요구하는 경우나 출신 교단을 제한하는 경우, 그리고 지필고사를 통해 성적으로 대상을 제한하는 경우는 공공성이 약화된다고 볼 수 있다. 기독교대안학교가 장애인 학생도 구성원으로 받아들여 통합교육을 실시하는 경우, 그리고 다문화 가정의 자녀들이나 소외된 계층의 자녀들에 대해서 개방되어 있는 경우는 공공성이 강하다고 할 수 있을 것이다.

셋째, 내용에 있어서의 공공성은 교육과정이 공익을 위한 것이고 학생들이 공공선을 추구할 수 있고, '공적 지식 생산 능력'을 함양할 수 있는 것인가에 달려 있다. 교육과정이 개인적이거나 주관적이면 공공성이 낮기 때문에 국가가 정하는 공통교육과정이 상대적으로 공공성이 강하다고 할 수 있지만, 만약 특정 정권이나 집단의 이익을 드러내는 특정 정부의 획일적인 교육과정은 오히려 공공성이 낮다고 볼 수 있을 것이다. 특정 계층이나 지역, 성별에게 더 유리하거나 불리한 지식의 편성은 공공성이 낮은 것이다. 기독교대안학교가 국가교육과정을 그대로 사용하는 것이 공공성이 높다고 볼 수는 없지만 공교육과 제대로 소통되지 않는 교육과정을 운영하는 것도 공공성을 약화시킨다고 할 수 있다.

넷째, 지위에 있어서의 공공성은 기독교대안학교가 어떤 형태로든 공공적인 지위를 갖는 것을 의미한다. 교육기관으로서 법적 지위를 갖고 시설 안전을 비롯해 공공적 기관으로서의 요건을 갖추고 이를 지속적으로 점검받을 수 있는 기관이 되어야 한다. 이것은 기독교대안학교의 인가 문제와 직접적으로 연관되어 있는데, 국가로부터 교육기관으로 인정을 받기 위해 다양한 요건을 충족시키고 감독과 보호를 받는 것을 의미한다. 현재 대안학교법에 따른 인가가 용이하지 않지만 다른 형태, 예컨대 평생교육시설이나 사단법인 등 다양한 공적체제 중 어떤 형태를 갖출 때보다 공공적 지위를 확보할 수 있을 것이다.

다섯째, 비용에 있어서의 공공성은 학생들의 교육받을 권리를 보장하는 교육복지 실현의 정도에 달려 있다. 교육이 공공재인가 사유재인가에 대한 논쟁이 있지만 평등하고 정의로운 교육을 위해서는 개인의 재정적인 능력에 관계없이 교육받을 권리가 보장되어야 한다. 만약 재정 문제로 인해 교육을 받는 것이 방해받고 있다면 공공성이 낮다고 할 수 있다. 이런 점에서 기독교대안학교가 지나치게 높은 등록금이나 기부금, 예탁금, 그리고 연수비 등을 책정하게 된다면 이는 공공성을 저하시키는 요인이 될 수 있다.

2. 기독교적 공공성

오늘날 기독교는 공적 책임을 보다 강하게 수행해야 한다는 요청을 받고 있다. 오늘날의 기독교는 지나치게 교회 울타리 안에 갇혀 있고, 비기독교 진영과 제대로 소통하지 못하며, 공적 이슈에 무관심하거나 무지한 경향조차 보이고 있다. 이러한 상황 가운데서 기독교가 공공성을 회복해야 함을 강조하는 공적신학이 주목받고 있다. 공적신학 또는 공공신학은 "공적인 차원의 논의들이나 사회의 여러 영역들인 문화, 예술, 가족, 과학기술, 경제, 정치에 관련된 문제들을 다루는 신학적 시도로써, 비기독교 전통들이나 자연과학, 사회과학, 역사과학 등과 더불어 비판적인 대화를 추구하는 신학 분야"라고 할 수 있다.[22] 기독교적 공공성을 이

---

22 이상훈, "스택하우스의 공공신학에 관한 이해," 새세대교회윤리연구소 편, 『공공신학이

해하기 위해서는 이러한 공적신학으로부터 도움을 받을 수 있다. 공적신학은 기독교의 공공성과 공적 책임을 강조하고 이를 신학적으로 논증하는 데에 관심이 있다. 공적신학은 마틴 마티(Martin Marty, 1928~)가 '공적 교회(public church)'라는 용어를 사용하기 시작하면서 구체화되었다고 볼 수 있는데, 마틴 마티는 공적 교회를 "공동의 삶(common life)에 대하여 초월적 가치를 불어넣어야 한다는 책임감을 가진 일련의 종교"로 정의하고 있다.[23]

공적신학자로 잘 알려진 맥스 스택하우스(Max Stackhouse, 1935~)는 공적신학을 "공적인 논쟁들이나 문화, 사회, 과학기술, 경제, 정치에 관한 문제들을 다루고자 하는 신학의 한 종류이며, 또한 비기독교 전통들이나 사회과학, 역사과학들과 더불어 비판적인 대화를 하고자 하는 신학의 종류이다."[24]라고 정의하고 있다. 스택하우스는 자신의 신학이 공공신학으로 불리는 두 가지 이유를 제시하고 있는데, 첫째, "기독교인들이 고백하는 신앙, 즉, 구원은 난해하거나 선택된 소수만이 알 수 있거나 이치에 어긋나 불합리하거나, 특권층만 독점하거나 이해하기 어려운 것이 아니다. 오히려 그것은 모든 사람들이 이해할 수 있고 모든 사람들에게 꼭 필요한 것이어야 하며 타 종교인들이나 다양한 이념을 따르는 비기독교인들과 더불어 합리적으로 토론할 수 있는 것이어야 한다." 둘째, 스택하우스는 그러한 신학적 시도는 "공공적 삶의 구조와 정책에 대한 안내자" 역할을 할 수 있을 것이라고 말한다.[25] 그는 기독교가 교회 안에 갇혀 있을 것

란 무엇인가?』(서울: 북코리아, 2007), 30.

23 장신근, 『공적실천신학과 세계화시대의 기독교교육』(서울: 장로회신학대학교 출판부, 2007), 52.

24 Max Stackhouse, *Globalization, Civil Society, Christian Ethics*, 심미경 역, 『지구화, 시민사회, 기독교윤리』(서울: 패스터스하우스, 2005), 15.

25 이상훈, "스택하우스의 공공신학에 관한 이해," 30.

이 아니라 공공의 장과 소통해야 하고 비종교인들과도 대화할 수 있어야 하며, 공적 영역의 건강한 변화에도 공헌할 것을 요청하고 있다.

기독교교육학과 실천신학 분야에서 신앙발달단계를 제시한 학자로 잘 알려진 제임스 파울러(James Fowler, 1863~1940)는 실천신학의 입장에서 신학의 공적 성격을 강조하는데, 교회는 공교회로서 그리스도인들의 공적 신앙을 양육하여 이들이 공적 책임을 감당하도록 도와야 함을 주장한다.[26] 교회가 공적인 영역에 관심을 갖고 교육에 있어서도 공적 기능이 잘 수행될 수 있도록 도와야 한다는 것이다.

류태선은 공공신학에 대한 다양한 논의들을 종합하면서 공공신학을 다음의 다섯 가지 특징을 지닌 신학으로 이해하였다.

"첫째, 공공신학은 성경적인 토대를 가진 신학적 전통에 근거하는 기독교 신학의 한 분야이다. 둘째, 공공신학은 신학적 개념이나 사고방식이 정치·사회·문화 등 공적인 영역의 담론의 바탕이 되도록 추구하는 신학이다. 셋째, 공공신학은 종교적 공동체뿐 아니라, 더 넓은 사회를 포괄하는 문제, 즉 공적인 문제에 대한 신학적 담론을 추구하는 신학이다. 넷째, 공공신학은 교회 내의 사람뿐 아니라 교회 밖의 사람들에게도 이해되며 확신되며 설득력을 가질 수 있도록 의도된 신학, 즉 지구적 시민사회를 위한 보편성을 지향하는 신학이다. 다섯째, 공공신학은 타학문 분야의 다양한 도구와 자료와 방법들을 활용하는 학제적인 연구를 수행하며, 공공신학자는 이중 언어를 구사할 줄 알아야 한다."[27]

공적신학(또는 공공신학)은 하나의 신학적 입장을 일컫는 것이 아니다. 공적신학에 있어서 기독교와 공공성이 어떻게 상호 연관성을 맺느냐에

---

26 장신근, 『공적실천신학과 세계화시대의 기독교교육』, 55.

27 류태선, 『공적 진리로서의 복음: 레슬리 뉴비긴의 신학사상』(서울: 한들출판사, 2011), 356.

따라서 다양한 스펙트럼의 신학적 유형이 있을 수 있다.

첫째는 기독교 안에 이미 공공성이 들어 있다고 보는 입장이다. 이 입장은 '기독교'에 충실하면 공공성도 구현되는 것이지, 공공성을 별도로 강조할 필요가 없다고 보는 입장이다. 스택하우스는 기독교를 "모든 사람들이 이해할 수 있는 것"으로 보았지만, 이 입장에서는 그것을 부정하고 기독교의 독특성을 강조하는 경향이 있다. '기독교' 바깥에 공공의 영역이 존재하고 기독교가 기준이 아니라 그 공공성이 기준이 되는 것을 거부하는 입장이다. '기독교'를 추구하는 것이 행여 공공성에 위배가 된다고 할지라도 '기독교'의 기준에 의해 나아갈 수밖에 없다고 주장하는 입장이다. 보수적인 기독교, 특히 근본주의신학은 이런 경향을 갖고 있으며 실제적으로는 공공성에 무관심한 경향을 보인다.

둘째는 기독교의 관점으로 공공성을 접근하는 입장이다. 앞의 입장과는 달리 공공의 영역에 적극적인 관심을 갖되 기독교적 관점, 즉 기독교 세계관에 근거해서 공적 영역을 접근하는 입장이다. 공적 영역을 포함한 모든 영역에 하나님의 통치가 이루어지는 것을 하나님의 나라로 이해하면서 정치, 경제, 사회, 문화, 예술, 교육 등 전 분야에 대한 기독교적 변혁을 추구한다. 소위 '창조-타락-구속'이라고 하는 기독교세계관의 틀로써 각 영역을 조망하면서, 하나님의 통치에서 벗어나 왜곡된 공공의 영역을 하나님의 다스리심이 이루어지는 영역으로 변화시키는 노력을 기울인다. 아브라함 카이퍼(Abraham Kuyper, 1837~1920)를 비롯한 화란 개혁주의 신학에 근거한 기독교세계관 운동이 이 범주에 속한다고 볼 수 있다.[28]

셋째는 기독교와 공공성이 대화하는 입장이다. 이 입장은 기독교와 공공성을 수평적인 관계로 보고 기독교적인 이해로만 공공의 영역으로

---

28 임성빈 외, 『공공신학』(서울: 예영커뮤니케이션, 2009), 29.

나아가는 것이 아니라 공공성의 관점으로 기독교를 재해석하고 재조명할 수 있도록 개방하는 입장이다. 이 입장에서는 인류 역사의 발전, 특히 민주주의 발전 과정을 통해서도 하나님의 계시가 드러남을 인정하면서 기독교와 공공성 간의 상호 대화를 촉진한다. 사회과학, 자연과학 등 학문의 제 분야에서의 깨달음을 존중하여 제 학문 분야를 기독교의 대화의 파트너로 인식하며, 신학과의 간학문적 소통을 강조한다. 이는 기독교적 세계관으로 각 학문의 전제를 비판하고 기독교적 조망을 강조하는 앞의 입장과는 구별되는, 기독교와 공공성을 수평적 관계로 이해하는 입장이라고 할 수 있다.

넷째는 공공성의 기준과 요청에 기독교가 부응하려는 접근이다. 이 입장은 오히려 공공성이 기준이 되어 '기독교'의 방향을 이끌고 기독교적 실천을 규정하려는 접근이다. 기독교와 공공 영역과의 소통을 강조하되, 이미 공공성이 기준이 되어 기독교를 그 기준에 부응하도록 하는 경향이 있다. 정의, 평화, 남녀평등, 생태보전 등 공공적 가치를 전제하고 기독교가 그 가치를 적극적으로 추구하도록 요청한다. 만약 공공성의 기준에 맞지 않는 기독교적 이해나 실천은 무시되거나 약화될 수밖에 없는 구조이다. 소위 시민종교(civil religion)의 형태로 인류 전체의 복지와 번영, 민주주의 사회 구현, 인권의 신장, 생태계의 보전 등이 이미 공적 가치로 규정되고 이를 추구하는 기독교만을 인정하는 입장인 셈이다. 가장 진보적인 기독교 신학의 한 범주라고 볼 수 있다.

이러한 네 가지 유형에서 처음 유형을 뺀 나머지 세 유형을 진정한 의미에서 공적신학의 범주에 포함시킬 수 있을 것이다. 기독교와 공공성의 관계에 있어서 두 가지 영역을 모두 중요시하되, 기독교적 입장을 강조하는 입장, 기독교와 공공성을 대화적 관계로 보는 입장, 그리고 공공성을 보다 강조하는 입장 등이 포함되는 것이다. 장신근은 공적신학 안에 이러한 세 가지 접근이 어떻게 공존하고 있는지를 잘 보여주고 있다. 그는 공적신학을 개괄적으로 살펴보면서 '공적(public)'이란 개념을 세 가지로 정리하고 있다. 첫째, 공적 삶을 위한 사회구조적 변형, 둘째, 공공의 선을 위한 가치관 형성, 셋째, 공공의 선을 추구하기 위한 기독교 신학과 다른 학문 또는 전통 사이의 간학문적 대화와 연관되어 있다는 것이다. 장신근은 공적신학을 크게 세 부류로 구분하고 있는데, 수정주의 상관관계모델, 비판적 프락시스 상관관계모델, 그리고 ad hoc 상관관계모델 등이다.

첫째, 수정주의 상관관계모델은 신학과 현대의 다양한 문화적 자원들 간의 비판적 상관관계를 강조하는 모델로서 데이빗 트레이시(David Tracy, 1963~)와 단 브라우닝(Don Browning) 등이 여기에 속한다고 보았다. 이 입장은 신학은 사적담화가 아닌 공적담화로서 "공통적인 인간경험과 언어에 나타나는 의미들과 기독교적 사실에 나타나는 의미들에 대한 철학적 반성"으로 이해된다. [29]

둘째, 비판적 프락시스 상관관계모델은 해방신학의 영향을 크게 받고 있는데, 매튜 램(Matthew Lamb, 1932~2012)과 레베카 찹(Rebecca chopp)을 포함시키고 있다. 이 모델에서 공적(public)이라는 용어는 사회에 만연되어 있는 불평등과 인간 소외, 왜곡 현상을 비판하면서 인간 해방을 추구하는 바른 실천(orthopraxis)이라는 의미를 갖고 있으며, 그렇기 때문에 공적신학은 기독교 공동체의 프락시스를 인간 해방을 추구하는 사회운동의 프락시스와 비판적으로 상호 연관시키려고 한다.

셋째, ad hoc 상관관계모델은 기독교적 정체성을 강조하는데, 로널드

---

29 장신근, 『공적실천신학과 세계화시대의 기독교교육』, 58.

씨먼(Ronald Thiemann)과 찰스 캠벨(Charles Campbell, 1885~1963)이 여기에 포함된다. 이 모델은 비토대주의 철학, 체계적인 변증에 대한 반대, 종교 간의 상이성에 대한 강조, 성서의 이야기에 대한 강조 등의 특징을 지닌 예일 학파의 탈자유주의신학(post-liberal theology)과 깊이 연관되어 있다.[30] 이 입장은 수정주의 상관관계모델에서 강조하는 보편적이고 이성적인 논증을 비판하면서 "그리스도인들이 가진 독특한 기독교적 관점에서, 기독교적 담화 안에서, 그리고 자신들의 독특한 정체성과 성품을 형성함으로써, 공적 이슈들에 응답하고 참여하는 것"을 추구한다.[31]

이상의 공적신학에 대한 세 가지 분류는 앞에서 기독교와 공공성의 관계에 대한 세 가지 입장과 연결 지을 수 있다. 수정주의 상관관계모델은 기독교와 공공성을 대화적 관계로 보는 입장과 가깝고, 비판적 프락시스 상관관계모델은 공공성을 보다 강조하는 입장과 연결될 수 있으며, ad hoc 상관관계모델은 기독교적 접근을 보다 강조하는 입장과 유사하다고 할 수 있다. 그런데 이중 수정주의 상관관계모델이나 비판적 프락시스 상관관계모델에서 보듯이 기독교적 전통과 다른 전통의 이해를 연결시키는 상호 호혜적인 관계 설정은 기독교적 정체성을 약화시킬 우려가 있다. 즉, 인간의 경험이나 전통, 그리고 타 종교의 전통의 권위를 기독교의 그것과 동일하게 취급할 경우 공공성이라는 이름으로 기독교성을 제한시킬 위험이 있다. 문시영도 『공공신학, 어떻게 실천할 것인가』에서 그 문제점을 지적하고 있다.

---

30 위의 책, 70~71.
31 위의 책, 74.

"또한 공공신학이 세계화문제를 비롯한 여러 이슈들에 대해 합리적인 설명을 시도하는 과정에서 기독교적 정체성 상실의 위험에 직면할 수 있다.… 공공의 문제들에 대한 기독교적 접근이 독선으로 비춰지거나 '그들만의 언어'로 들려지는 부분을 극복하려는 노력은 높이 살 만하지만, 신학적 정체성을 상실하는 것은 매우 위험한 일이다. 가령, 동성애나 성전환의 문제에 대한 교회의 입장을 묻는 경우에, 하나님의 창조질서에 위배된다고 말하는 것은 교회 안에서는 의미가 있을지 모르나, 시민사회로부터는 소외될 가능성이 있다. 이 점에서, 공공의 언어를 사용하여 기독교의 관점을 말하는 것이 나름대로 설득력을 지닌다. 하지만 그러한 노력이 어느 정도나 기독교적 정체성에 부합할 것인지는 미지수이다."[32]

기독교적 공공성은 기독교적 정체성을 상실하지 않으면서 공공과 소통하며 공적 영역의 발전을 위해 공헌할 수 있어야 한다. 즉, 기독교와 공공성의 관계에 있어서 공공성을 우선시하거나 기독교와 공공성을 수평적인 관계로 보기보다는 기독교적 입장을 강조하되 공공의 영역으로 기독교적 실천이 확장되는 것을 추구하는 것이다. 그런데 기독교와 공공성이 소통하고 대화하지 않으면 기독교적 접근이라는 것이 지나치게 폐쇄적인 입장으로 전락할 수 있으므로 기독교적 정체성을 상실하지 않는 소통과 대화에 대해서는 열려 있어야 할 것이다. 이는 기독교에 대한 변증의 한 접근이기도 하다. 스택하우스는 이러한 공적 영역에 대한 기독교 변증의 중요성을 다음과 같이 말하고 있다.

---

32 문시영, "공공신학 실천을 위하여: 공~사의 이분법을 넘어서," 새세대교회윤리연구소 편, 『공공신학, 어떻게 실천할 것인가』(서울: 북코리아, 2008), 59.

"다른 이들은 신학이 계시나 특정한 믿음 공동체의 신앙에 대한 명확한
표현이어야 하며 종교, 철학, 윤리학, 그리고 사회적 이슈들에 의존하는
것은 신학을 희석하거나 심지어 다른 일련의 기준들을 선택함으로써 신
앙과 계시의 규범들을 갈아치우는 것이라고 말합니다. 이에 대해 공공신
학을 지지하는 이들은 그러한 실존적, 고백적, 교리적, 실천적 강조점은
필요하겠지만, 신학에는 또한 변증적인 강조점이 있다고 설명하기도 합
니다."[33]

요컨대 '기독교적 공공성'은 기독교에 뿌리박혀 있는 공공성을 추구하
는 것으로써, 그러나 공공 영역과 소통할 수 있는 방식으로 그 공적 책임
을 수행하여야 할 것이다.

이런 점에서 기독교적 공공성은 단지 기독교와 공공성이 만나는 교집
합이 아니다. 기독교와 타종교나 타문화를 동일한 권위를 갖는 것으로
간주하고 일 대 일 만남식으로 접근할 때 기독교는 상대화될 수 있는 것
이다. 기독교적 정체성 안에는 이미 공공성의 근원이 담겨져 있기 때문
에 기독교적 정체성의 연속선상에서 공공성을 추구할 필요가 있다. 즉,
기독교적 정체성이 이미 공공성을 담보하고 있기 때문에 그것을 잘 구현
하는 것이 과제이다. 기독교적 공공성이 기독교성과 공공성의 교집합이
아니라 기독교성에 기초한 공공성이 될 때 기독교성에서부터 공공성을
실천할 수 있는 힘이 공급된다. 기독교적 정체성의 연속선상에서 기독교
적 공공성을 추구하는 가장 좋은 방법은 '하나님 나라 신학'이다. 하나님
나라의 백성으로서 하나님 나라를 구현해 나가는 과정이 공공성을 구현

---

33 Max Stackhouse, 이상훈 역, "공공신학이란 무엇인가," 『공공신학, 어떻게 실천할 것인
가』, 31.

하는 과정이 된다. 예수님이 전한 복음이 하나님 나라의 복음이며, 이 복음에 충실할 때 하나님 나라의 충실한 백성이 되고, 공공성은 그 열매로 나타나게 된다.

사실 '하나님 나라'는 기독교적 테마이면서 전 인류와 피조세계가 포함되는 공적 영역이기도 하다. 믿지 않는 자들과 모든 삼라만상이 하나님의 통치 아래에 있기 때문이다. 스택하우스는 "기독교는 왜 전 지구적 차원에서까지 공적이 되려 하는가?"라는 질문을 던지면서 모든 인류를 사랑하시는 하나님께서 기독교인들이 세상 모든 사람들의 정의를 위해 노력하길 원하기 때문이라고 말한다. 하나님의 사랑과 자비는 보편적이어서 모든 문화권의 모든 사람들에게 베풀어지고 향유되어야 한다는 것이다. 이러한 보편적인 하나님의 사랑은 창조사건과 예수 그리스도 안에서 가장 분명하게 나타나며 장차 도래할 하나님의 나라에서 완성될 것이다.[34]

손규태도 그의 책 『하나님 나라와 공공성』에서 하나님 나라가 공공성을 지니고 있음을 다음과 같이 주장하고 있다.

"하나님의 나라는 성서를 읽고 그리스도의 가르침을 따르는 그리스도인뿐만 아니라 이 세상에서 인간답게 살고자 하는 모든 사람의 꿈이고 희망이다. 여기서 필자는 지상에 이 하나님 나라 실현을 특정의 종교적 집단, 즉, 그리스도교 교회만이 추구하고 실현해야 할 과제가 아니라, 모든 인류가 공동으로 지향해야 할 목표로 설정하는 것이다."[35] "그런 의미에서 하나님의 나라는 하나님의 보편적 세계통치의 내용이고 목표이며, 전

---

34 이상훈, "스택하우스의 공공신학에 관한 이해," 32~33.
35 손규태, 『하나님 나라와 공공성: 그리스도교 사회윤리 개론』(서울: 대한기독교서회, 2010), 157.

체 인류들에게는 보편적이고 공공적 성격을 띠는 개념이다."[36]

김명용은 기독교가 하나님 나라를 추구할 때 공적 책임을 제대로 감당할 수 있음을 교회와 하나님 나라의 관계로 설명하고 있다. 그는 『열린 신학, 바른 교회론』에서 교회의 목적이 바로 '하나님 나라에 대한 봉사'라고 말하며 교회는 '하나님 나라를 건설하고 성장시키기 위해 존재'한다고 주장한다.[37] 그는 교회와 하나님 나라의 관계를 다음과 같이 설명하고 있다.

"교회의 과제를 영적 기능으로만 제한하면 안 된다. 하나님의 나라 건설을 위한 교회의 세상적인 과제가 있다. 물론 이 세상적인 과제도 영적인 과제이다. 왜냐하면 세상적인 과제 역시 하나님으로부터 부과된 과제이고 또한 하나님 나라 건설에 있어서 결정적인 의미를 갖고 있기 때문이다.… 교회는 복음만 전하고 기도하고 예배하는 것으로 자신의 과제를 모두 수행한 것은 아니다. 교회는 세상 속에 존재하는 악의 통치를 종결 짓고 하나님의 의와 평화의 통치를 수립해야 하는 세상적 과제가 있는 것이다. 이 세상적 과제의 수행을 위해 교회는 정의를 위해 일해야 하고 평화를 위해 일해야 하고, 창조세계의 보전을 위해서, 그리고 참된 형제 공동체의 창건을 위해 일해야 한다."[38]

그는 하나님 나라 건설을 위한 교회의 세상적 책임을 여섯 가지로 정리하고 있다.[39] 가난한 이웃에 대한 교회의 책임, 정의의 수립, 평화의 수

---

36 위의 책, 158.
37 김명용, 『열린 신학, 바른 교회론』(서울: 장로회신학대학교 출판부, 1997), 111.
38 위의 책, 114.
39 위의 책, 116.

립, 창조세계에 대한 책임, 하나님의 나라 건설을 위한 선한 이웃과의 협력, 교회의 정치적 책임과 공동의 선의 창출 등이다.

이형기는 『하나님의 나라와 교회』에서 하나님 나라 구현을 위한 과제들을 제시하고 있다. 그는 '하나님 나라와 교회'의 시각에서 생명교역의 다양한 과제들을 열거하고 있는데, 이것들이 하나님 나라 구현을 위한 과제와 동일시 될 수 있으며 하나님 나라 구현을 위한 지표와 동일시될 수 있을 것이다.

첫째는 하나님 나라의 복음 선포와 하나님의 선교이다. 그에 의하면 "복음전도는 하나님 나라의 복음전도가 되어야 한다." 복음 자체가 개인주의적이기보다는 하나님 나라 지향적이다. 이런 점에서 하나님 나라의 복음 선포와 하나님의 선교는 결코 이분화될 수 없다. 하나님의 선교는 정치, 경제, 사회, 문화, 그리고 창조세계를 그 대상으로 한다.[40]

둘째는 정치의 민주화와 사회정의이다. 그에 의하면 "하나님 나라에 대한 종말론적 비전을 바라보고 소망 가운데 살고 있는 교회는 포스트모던 시대에 걸맞은 정치의 민주화와 사회정의 실현을 위해서 교파주의와 개교회주의를 떨쳐버리고 다양성 속에서 코이노니아와 정치 사회적 행동을 함께 추구"해야 한다.

셋째는 지구화 시대에 대응하는 경제정의 구현이다. 하나님 나라는 경제적인 정의가 실현되어야 하는데, 신자유주의 경제로 인해 부의 편중이 가속화되는 것을 극복하는 경제정의와 이를 위한 정치적 민주화가 실현되어야 한다.

넷째는 창조세계의 회복과 지구 생명 공동체의 추구이다. 하나님 나라는 "이 땅 위에서 인류사회(역사)와 지구 생명 공동체(우주)가 함께 어우

---

40 이형기, 『하나님의 나라와 교회』(서울: 한들출판사, 2005), 318.

러지는 샬롬 공동체를 구현"해야 한다. 생태계를 포함한 전 우주 속에서 정의와 평화가 실현되어야 한다.[41]

다섯째는 통전적 영성 추구이다. 하나님 나라는 이 세상으로 도피하는 영성 추구가 아니라 "전인격의 통전성(몸과 영혼)과 공동체의 온전성(사회적·경제적·정치적 및 문화적 경계선을 초월하여 새로운 종류들의 공동체를 형성하는)을 통하여 표현"되는 영성을 추구한다.

여섯째는 다문화와 다가치의 사회 속에서의 문화적 정체성과 다양성이다. 하나님 나라의 추구는 "다국적 기업들의 시장경제 논리와 정보 혁명이 초래하는 문화와 가치의 축소주의에 맞서서, 우리의 고유한 문화 정체성을 확립해야 하고, 다문화와 다가치의 사회 속에서 더불어 살아가는 삶의 스타일을 일구어 나가야" 함을 의미한다.

일곱째는 테러와 전쟁의 악순환, 그리고 불가시적 폭력을 극복하기 위한 평화운동이다. "예수 그리스도의 복음은 폭력이 없는 하나님 나라와 새 하늘과 새 땅을 계시하고 약속한다." 모든 구조악과 폭력으로부터 해방되는 평화를 선포하며 이를 추구한다.

여덟째는 탈냉전시대에 걸맞은 남북 평화통일의 실현이다. "북한의 이념과 문화와 삶의 스타일이 우리의 그것과 매우 상이할지라도 이들과 화해하고 코이노니아를 나누어야 하는 것이 하나님의 계시된 뜻"이다.[42]

아홉째는 다양성 속에서 코이노니아를 추구하는 교회연합과 일치이다. 하나님 나라는 교회의 분열이나 개교회주의에 함몰되는 것이 아니라 "다양성 속에서 코이노니아(요 17:21~22)를 추구하면서," 교회의 연합과 하나됨을 이루는 것이다. 몰트만에 의하면 이상과 같은 "아홉 가지 생명교역의

---

41 위의 책, 319~321.
42 위의 책, 321~325.

영역과 과제들은 하나님 나라의 관점에서 본 교회의 '공적인 일들'(public matters)에 속한다."고 보았다. 그는 교회가 장차 다가올 새 창조의 세계를 바라보면서 "교회의 세상 역사에의 참여 혹은 교회의 공적인 영역(public area)에서의 하나님의 선교(missio Dei)에의 참여"를 강조하고 있다."[43]

이렇듯 기독교적 공공성을 하나님 나라의 관점에서 볼 때, 공공성의 지표는 하나님 나라의 지표와 동일시될 수 있다. 이는 정의, 평화, 생태계 보전, 타종교·문화 이해, 공동체, 시민직, 봉사, 통일 및 이중언어(일반 언어로의 소통)로 요약될 수 있다. 기독교적 공공성은 복음의 연속선상에 있다는 점에서 일반적인 공공성과 차이가 있다. 기독교적 계시에 충실하게 반응할 때 공공성은 강화될 수 있다. 즉, 기독교적 공공성은 기독교성의 연속선상에서 공공성을 발견할 수 있다고 보는 것이다. 이것이 성서 속에서 말씀하는 하나님 나라이며, 예수 그리스도께서 전파하신 것도 하나님 나라의 복음이다. 기독교성과 공공성이 연결되어 있다는 것은 기독교성이 공공성을 실천할 수 있는 힘을 공급해 줌을 의미한다. 또한 기독교적 공공성은 기독교적 언어만을 고집하는 것이 아니라 기독교 바깥의 언어로서도 설명 가능하여야 한다.

3. 기독교학교의 기독교적 교육 공공성

기독교학교의 설립은 공공적 성격을 지닌다. 교회 또는 개인이나 단체가 학교를 설립한다는 것은 이미 공공의 영역으로 나아가는 것이고, 개인의 신앙생활이나 교회의 목회적 활동에 머무르지 않고 공적 교육에 참여하는 것이다. 이런 점에서 기독교학교를 설립한다는 것 자체가 공적

---

43 위의 책, 326~328.

의미를 지닌다고 볼 수 있다.

그러나 학교를 설립한다는 것 그 자체가 공공성을 보장해 주는 것이 아니다. 어떤 교육을 추구하느냐에 따라 그 교육이 공공적 성격을 지닐 수도 있고 반대로 공공적 성격을 가로막거나 약화시킬 수도 있기 때문이다. 만약 기독교학교가 입시 위주나 해외 유학을 위한 준비학교 식으로 운영된다면 교육의 공공적 기능과 공익 및 공동선을 추구하는 교육기관이라고 보기 어려울 것이며, 사설 학원이나 유학원이 입시 위주의 교육이나 유학 준비교육을 실시하는 것과 크게 다르지 아니할 것이다. 또한 재정적으로 여유 있는 계층의 자녀들에게로 지나치게 제한되어 있다면 그 교육도 공공성이 약화될 수밖에 없다. 앞에서 논의한 것처럼 '평등'은 중요한 공공성의 기준이기 때문이다. 누구나 접근 가능한 방식의 교육이 될 수 있도록 어느 정도 노력하느냐가 중요한 공공성의 척도가 될 것이다. 재정적인 이유만이 아니라 특정교회의 출석이 전제 조건이 된다든지, 성적을 비롯해 다른 조건에 의해서 교육의 접근이 제한되는 것도 공공성을 약화시킬 수 있다.

그리고 기독교대안학교가 어떤 형태로든 법적 지위를 갖고 공공기관의 성격을 지닐 필요가 있다. 대안학교의 인가 기준을 조절해서라도 인가를 받는 것이 공공성을 높일 수 있는 방법이라고 할 수 있고, 기독교대안학교의 연합체에 가입하여 개별학교만의 교육으로 폐쇄되지 않고, 타 학교에 자신을 개방하고 소통하는 노력도 필요하다. 연합체가 법적 지위를 얻게 된다면 개별 학교의 공공성도 그만큼 강화될 것이다.

제자직과 시민직의 관점에서 볼 때, 기독교학교가 제자직만을 중요시하여 시민직을 소홀히 한다면 기독교적 교육 공공성을 추구한다고 보기 어렵다. 개인의 신앙 성숙과 제자직을 강조하되 하나님 나라의 구현으로 나아가 이웃과 사회에 유익을 주고 정의롭고 평화로운 세상을 이루어갈 때 공공성은 강화되는 것이다. 교회가 기독교학교를 설립하였다고 하더라도 교회주의에 의해 기독교학교의 이념이나 교육내용, 교육경영, 교육활동이 제한되는 것이 아니라 하나님 나라의 차원으로 확장되어 사회변혁에 이를 수 있을 때 보다 공공적이라고 할 수 있을 것이다.

하나님 나라의 관점에서 기독교적 공공성을 이해할 때 앞에서 살펴본 대로 다음의 가치들이 공공성이 지향하는 가치들이라고 할 수 있다. 즉, 정의, 평화, 생태계(환경) 보전, 타종교·문화 이해, 공동체, 시민직, 봉사, 통일, 이중언어 등이다. 기독교학교는 정의와 평화의 공동체가 되어야 하며 학생들로 하여금 정의와 평화를 이루는 사람이 되도록 도와야 한다. 기독교학교는 생태계 보전에 관심을 갖고 타종교·문화를 이해하며 공동체를 이루어가야 한다. 기독교학교는 학생들로 하여금 제자직을 감당할 뿐만 아니라 시민직을 감당할 수 있도록 교육하여야 하고, 이웃과 사회를 위한 봉사에 헌신하며 민족의 과제인 통일을 위해 노력해야 한다. 그리고 기독교학교는 기독교계 안에서만 소통하는 것이 아니라 이중언어 구사를 통해 일반 교육계 및 사회와 소통할 수 있어야 하다. 기독교적 공공성은 이런 요구들이 응답될 때 더 구체적으로 구현될 수 있을 것이다.

이렇게 되기 위해서는 "이러한 하나님 나라의 가치들이 교육이념에 어느 정도 반영되어 있는가?" "교육과정에 어느 정도 반영되어 있는가?" "그리고 학교공동체에 어느 정도 반영되어 있는가?"를 파악하는 것이 중요한데, 교육 공공성의 다섯 영역이라고 할 수 있는 목표, 대상, 내용, 지위, 비용 등의 영역에 어떻게 반영되고 있는지를 분석할 필요가 있다.

첫째, 목표에 있어서 기독교적 공적 가치가 어느 정도 반영되어 있는

가를 살펴보아야 한다. 기독교대안학교의 목적 진술에 공공성이 어느 정도 반영되어 있는지를 보기 위해 정의, 평화, 생태계 보전, 타종교·문화 이해, 공동체, 시민직, 봉사, 통일 등과 관련된 용어가 어느 정도 반영되어 있는지를 분석할 수 있다. 또한 이러한 목표 진술이 공적으로 소통되기 위해 일반인(비기독교인)도 이해할 수 있는 용어로 진술되었는지의 여부도 고려하여야 한다.

둘째, 대상에 있어서 기독교적 공적 가치가 어느 정도 반영되어 있는지를 파악하여야 한다. "모든 대상이 접근할 수 있는가? 선발에 있어서 제한조치가 있는가? 필답고사를 시행하는가? 특정교회 출석을 요구하는가? 장애인 학생에게도 개방되어 있는가? 다문화 가정의 자녀들에게 개방되어 있는가?" 등의 질문을 제기할 수 있다.

셋째, 내용에 있어서 기독교적 공적 가치가 어느 정도 반영되어 있는지를 보아야 한다. "교육내용이 보편적인가? 공교육과 소통 가능한가? 교육과정에서 정의, 평화, 생태계 보전, 타종교·문화 이해, 공동체, 시민직, 봉사, 통일 등을 강조하고 있는가?" 등의 질문을 던질 수 있다.

넷째, 지위에 있어서 기독교적 공적 가치가 어느 정도 반영되어 있는지를 살펴보아야 한다. "대안학교법에 따른 인가를 받았는가? 어떤 법적 지위를 갖고 있는가? 기독교대안학교 연합체에 가입되어 있는가? 그리고 다른 대안학교나 일반학교와 어느 정도 교류하며, 자신을 드러내며 피드백을 받을 수 있는 구조를 갖추고 있느냐?" 등의 질문을 제기할 수 있다.

다섯째, 비용에 있어서 기독교적 공적 가치가 어느 정도 반영되어 있는지를 살펴보아야 한다. "등록금이 높이 책정되어 특정 계층의 자녀들만 입학이 가능한 것은 아닌가?" 등의 질문을 제기하며 평등성과 포괄성에 입각해 비용이 적절히 책정되었는지를 보아야 한다. 교육부 자료를

기준으로 하여 일반 대안학교의 평균 등록금과 기독교대안학교의 등록
금을 비교해 보면 기독교대안학교의 등록금 수준이 어느 정도인지를 파
악할 수 있다.

〈표1〉 기독교대안학교의 공공성 분석 기준

	분석 요소들	반영 정도
목표	목표진술에의 공공성 반영 : 정의, 평화, 생태계 보전, 타종교·문화 이해, 공동체, 시민직, 봉사, 통일 등과 관련된 용어의 반영 정도	
대상	선발 제한 조치	
	필답고사 시행	
	특정교회 출석 요구	
	장애인 학생에게 개방	
	다문화 자녀에게 개방	
내용	교육내용의 보편성	
	공교육과 소통 가능성	
	교육과정에 공공성 강조 여부: 정의, 평화, 생태계 보전, 타종교·문화 이해, 공동체, 시민직, 봉사, 통일 등과 관련된 교육내용이 어느 정도 반영되어 있는지를 분석	
지위	인가 여부	
	다른 법적 지위 여부	
	연합체 가입 여부	
비용	등록금 수준	

III. 기독교대안학교의 교육이념, 교육과정에 나타난 기독교적 공공성

오늘날 한국의 기독교대안학교는 어느 정도의 공공성을 지니고 있는

가? 이것을 파악하기는 쉽지 않다. 기독교교육은 내면의 변화를 추구하는 것이고 학교의 풍토 및 교사와 학생의 관계 속에서 이루어지는 것이기 때문에 교육의 공공성을 실제적으로 드러내어 평가하기는 매우 어렵다. 그러나 공식적으로 학교가 내세운 교육이념과 교육과정, 그리고 학교의 법적 지위와 학생 선발 방식, 등록금의 수준 등 파악이 가능한 자료를 토대로 어느 정도 기독교적 공공성을 추구하고 있는지를 분석할 수는 있을 것이다. 물론 이것은 기독교대안학교의 공공성을 분명하게 보여주는 지표라고는 할 수 없지만, 개략적으로 공공성의 정도를 가늠할 수 있는 근거가 될 것이다.

본 글에서는 개교 3년 이상 된 기독교대안학교들을 분석 대상으로 삼았고, 기독교학교교육연구소가 지난 2011년에 조사한 '기독교대안학교 실태조사'의 자료를 활용하여 재분석하는 방식을 취하였다. 전체 대상학교 수는 94개교인데, 배경 변인별 학교 수는 아래 〈표 2〉와 같다.

〈표2〉 실태조사 설문 배경변인

학교 수(개)/백분율(%)

소재지	특별시	광역시	중소도시	읍면지역 등	전체
	10	13	39	32	94
	10.6	13.8	41.5	34.0	100.0

학교급	초등	중	고	초중, 중고	초중고	전체
	6	6	10	15	35	22
	6.4	6.4	10.6	16.0	37.2	23.4

학교 종류	인가 (특성화, 위탁, 대안, 고등기술학교)		미인가	전체
	19		75	94
	20.2		79.8	100.0

학교 역사	3~4년	5~6년	7~8년	9~10년	10년 초과	전체
	16	23	19	23	13	94
	17.0	24.5	20.2	24.5	13.8	100.0

1. 교육목표

기독교대안학교의 공공성은 그 교육이 지향하는 교육목표에 기독교적 공적 가치가 어느 정도 반영되어 있는가를 살펴보아야 한다. 앞에서 논의한 대로 기독교대안학교의 목적 진술에 공공성이 어느 정도 반영되어 있는지를 보기 위해, 교육목표 진술에 정의, 평화, 생태계 보전, 타종교·문화 이해, 공동체, 시민직, 봉사, 통일 등과 관련된 용어가 어느 정도 반영되어 있는지를 분석하였다. 먼저 각 기독교대안학교의 교육이념이나 목적, 목표에 나타난 주요 단어들을 추출하여 유사한 개념들을 묶었고, 각 개념들이 어느 정도 진술되고 있는지를 파악하였다. 그래서 각 개념 별로 진술하고 있는 학교 수를 계수하여 전체 학교 중에서 차지하는 비율을 분석하였다.

먼저 교육목표에 나타난 주요 단어 군의 빈도를 순위별로 도표로 나타내면 〈표 3〉과 같다.

〈표3〉 교육목표에서 나타난 주요 단어 군 빈도 순위

전체 학교 수= 94개, 학교 수(개)/백분율(%)

순위	주요 단어	학교수	백분율
1	그리스도, 하나님, 예수님, 성령님, 기독교, 주님	65	74.7
2	믿음, 영성, 신앙	28	32.2
2	**섬김, 나눔, 봉사, 섬기는, 나누는**	28	32.2
4	지도자, 리더	27	31.0
4	족속, 열방, 세계, 글로벌, 인류, 월드	27	31.0
6	능력, 재능, 적성, 소질, 달란트, 지혜	26	29.9
7	진리, 말씀, 성경, 복음, 성서	25	28.7
7	**이웃, 사회, 지역**	25	28.7
7	학문, 학업, 지성, 지식, 배움, 지적	25	28.7
10	성품, 품성, 인성, 인격	24	27.6
11	삶, 실천	23	26.4

12	최고, 실력, 우수, 최정상, 선진	20	23.0
13	비전, 꿈, 사명	17	19.5
14	사랑	16	18.4
15	나, 자신, 자기	14	16.1
15	교회, 선교, 하나님 나라	14	16.1
17	왕의 자녀, 주님의 자녀, 그리스도인, 크리스천, 기독 자녀	12	13.8
18	성경적 세계관, 기독교 세계관, 인생관, 성경에 기초를 둔 세계관, 성경적 가치관	11	12.6
18	제자, 일꾼, 청지기	11	12.6
18	**민족, 겨레, 한반도, 대한민국, 국가**	11	12.6
21	자녀, 다음세대	10	11.5
21	양육	10	11.5
23	**공동체, 협동, 화합, 동역자**	9	10.3
23	전인, 온전	9	10.3
25	회복, 치유, 이해	8	9.2
26	가정	7	8.0
26	인재, 이기는 사람	7	8.0
28	창의, 혁신	6	6.9
28	훈련, 체험	6	6.9
28	그리스도, 그리스도의 품성, 그리스도의 인격, 그리스도의 삶, 그리스도의 성품을 닮음	6	6.9
31	영광, 영화	5	5.7
31	신체, 건강	5	5.7
33	선교사, 목회자, 영적지도자	3	3.4
33	쉐마학습, 개혁주의, 창조론	3	3.4
35	예배	2	2.3
35	평민	2	2.3
35	참사람, 구도자	2	2.3
35	자기주도	2	2.3
35	5차원 전면교육	2	2.3
35	사업, 전문	2	2.3
35	**통일, 탈북**	2	2.3
35	**생명**	2	2.3
35	**평화**	2	2.3
35	**다양성**	2	2.3
45	순종	1	1.1
45	배움의 공동체	1	1.1

45	노동	1	1.1
45	순결	1	1.1
45	효행	1	1.1
45	**민주시민**	1	1.1
45	**평등**	1	1.1

위의 표에서 볼 수 있듯이, 기독교대안학교의 교육목표에 기독교적 공공성과 관련된 개념들이 다양한 방식으로 포함되어 있음을 알 수 있다. 가장 높은 빈도를 보이는 것은 '섬김, 나눔, 봉사'와 같은 개념들로써 32.2%의 학교들이 이를 교육목표에 반영하고 있는 것으로 나타났다. 그리고 공동체와 연계된 개념으로써 '이웃, 사회, 지역'이 28.7%, '민족, 겨레, 한반도, 대한민국, 국가'가 12.6%, 그리고 '공동체, 협동, 화합, 동역자'가 10.3%로 나타났다. 그런데 하나님 나라의 중요한 지표로써 기독교적 공적 가치를 강하게 함유하고 있는 '통일,' '생명,' '평화,' '다양성' 등은 각각 2개교에서만 교육목표에 진술하고 있어 2.3%에 불과한 것으로 나타났으며, '민주시민'과 '평등'은 각각 1개교에서만 교육목표에 포함되어 있어 1.1%에 그치고 있다. 이러한 결과는 기독교대안학교가 기독교성을 강하게 추구하고, 세계적인 인재양성을 교육목표로 강조하면서도 기독교적 공공성은 상대적으로 충분히 강조하고 있지 못함을 보여주고 있다.

2. 교육대상

기독교대안학교의 공공성을 파악하기 위해서는 교육대상에 있어서 기독교적 공적 가치가 어느 정도 반영되어 있는지를 파악하여야 한다.

기독교대안학교가 모든 학생들이 접근할 수 있는지를 파악하기 위해서 선발에 있어서 어떤 제한조치가 있는지를 분석하였다. 부모나 본인의 신 앙 여부로 입학을 제한하는지, 선발을 위해 필답고사를 시행하는지, 그 리고 특정교회 출석을 요구하는지 등을 파악하였다. 또한 장애인 학생이 나 탈북학생, 다문화 가정의 자녀들에게도 개방되어 있는지를 분석하였 다. 그 결과를 도표로 나타내면 〈표 4〉와 같다.

〈표4〉 선발과정에 나타난 공공성 강조 여부

학교 수(개)/백분율(%)

	있다	없다	전체
선발 제한 조치가 있습니까? (부모가 기독교인)	52	31	83
	62.7	37.3	100.0
선발 제한 조치가 있습니까? (학생이 기독교인)	있다	없다	전체
	49	32	81
	60.5	39.5	100.0
선발 시 필답고사를 시행합니까?	있다	없다	전체
	19	61	80
	23.8	76.3	100.0
- 특정교회 출석을 요구합니까? - 설립교회 출신 학생 우대 제도가 있습니까?	있다	없다	전체
	15	68	83
	18.1	81.9	100.0
장애인 학생에게 개방합니까?	한다	안 한다	전체
	19	52	71
	26.8	73.2	100.0
탈북 학생에게 개방합니까?	한다	안 한다	전체
	6	65	71
	8.5	91.5	100.0
다문화 학생에게 개방합니까?	한다	안 한다	전체
	2	69	71
	2.8	97.2	100.0

〈표4〉를 통해 알 수 있듯이, 부모가 기독교인 경우로 입학대상을 제

한하는 경우가 52개교로써 62.7%를 차지하고 있는 것으로 나타났다. 이는 기독교대안학교의 정체성을 기독교가정의 자녀를 위한 교육과 동일시하는 경향을 보여주며, 가정과 학교가 연계하여 함께 기독교교육을 실천하는 것의 중요성을 강조하는 것으로 보여진다. 그러나 부모가 기독교인이 아닌 학생들에게는 입학이 원천적으로 제한된다는 점에서 공공성의 측면은 약하다고 할 수 있다. 학생 본인이 기독교인으로 제한하는 경우는 60.5%로 나타났다. 기독교대안학교이기 때문에 기독교인 학생만을 대상으로 하는 것은 이해할 수 있으나, 이 경우에도 학교의 교육이념에 동의하는 '기독교에 관심 있는' 비기독교인에게까지 개방할 수 있는 방안에 대해서도 숙고할 필요가 있을 것이다. 선발 시 필답고사를 치는 경우(23.8%)는 그것으로 선발 기준을 삼는 경우가 많은데, 이는 공부 잘하는 학생으로 입학생을 제한하는 것이 되고 공공성을 약화시키는 한 요인이 될 수 있다. 특히 특정교회 출신으로 입학을 제한하는 경우(18.1%)는 기독교대안학교에 누구든 접근할 수 있는 것을 막음으로써 공공성을 상당히 약화시킬 수 있다. 개별 교회 상황으로서는 그 교회의 재정이 소요되기 때문에 당연한 조치라고 할 수 있으나, 공공성의 확대를 위해서는 개선할 필요가 있을 것이다. 그 밖에 장애인 학생에게 개방하는 경우, 탈북학생에게 개방하는 경우, 다문화 학생에게 개방하는 경우는 각각 26.8%, 8.5%, 2.8%로써, 사회의 소외된 이들에 대한 개방을 확대함으로써 공공성을 강화해야 할 과제를 안고 있다.

3. 교육과정

기독교대안학교의 교육과정에서 어느 정도 공공성이 반영되고 있는지를 파악하는 일은 용이하지 않다. 국가 교육과정에 따라 국정 교과서를 사용한다고 해서 공공성, 더군다나 기독교적 공공성을 담보하기는 어렵다. 그러나 외국 교육과정만을 사용하는 것은 한국의 기독교대안학교로서의 공공성을 상당 부분 침해하는 것으로 볼 수 있다. 여기에서는 외국 교육과정 사용 여부, 그리고 교육과정에서 기독교적 공공성의 지표와 연관된 교육, 즉, 평화교육, 통일교육, 다문화교육, 환경교육 실시 여부를 파악하여 교육과정에 있어서 공공성을 어느 정도 추구하는지를 분석하였다.

〈표5〉 교육과정에 나타난 공공성 강조 여부

학교 수(개)/백분율(%)

	한다	안 한다	전체
외국교육과정만 사용한다	8	73	81
	9.9	90.1	100.0
평화교육	한다	안 한다	전체
	20	56	76
	26.3	73.7	100.0
통일교육	한다	안 한다	전체
	23	53	76
	30.3	69.7	100.0
다문화교육	한다	안 한다	전체
	11	65	76
	14.5	85.5	100.0
환경교육	한다	안 한다	전체
	32	44	76
	42.1	57.9	100.0

〈표 5〉에서 볼 수 있듯이, 외국 교육과정만을 사용하는 기독교대안학교가 8개교로써 전체의 9.9%에 해당한다. 이 경우는 외국 대학교에 진학을 준비하는 학교로서의 정체성을 지니기 때문인데, 한국의 기독교대안학교로서 한국인의 의식과 나라사랑, 한국문화, 그리고 통일 등 한국

인이 공유해야 할 가치들을 가르치지 못하는 한계를 지니고 있다. 교육과정에 있어서 평화교육이 포함된 경우는 26.3%, 통일교육을 하는 경우는 30.3%, 다문화교육을 하는 경우는 14.5%, 그리고 환경교육을 하는 경우는 42.1%로 나타났다. 이는 앞에서 교육목표를 분석할 때에 '평화,' '통일,' '다문화,' '환경' 등의 개념이 포함된 경우가 거의 없는 것에 비해서는 교육과정에 더 많이 반영되어 있는 것으로 보인다. 그러나 평화교육, 통일교육, 다문화교육, 환경교육을 하지 않는 경우가 각각 73.7%, 69.7%, 85.5%, 57.9%로써 기독교적 공공성이 상당히 취약함을 보여준다.

4. 법적 지위

기독교대안학교의 공공성을 파악하기 위해서는 학교가 어느 정도 법적 지위를 확보하고 있는지를 살펴보아야 한다. 법적 지위는 다양한 형태를 취할 수 있다. 대안학교법에 따른 인가를 받은 경우, 법인인 경우, 평생교육시설인 경우, 사회복지 시설인 경우 등이다. 그렇지 않은 경우는 교회에 속하거나 법인격 없는 단체 또는 개인이 미인가 상태로 운영하는 경우 등이다. 그 밖에 기독교대안학교 연합체나 일반 대안학교 연합체에 가입되어 있는 여부 등도 기독교대안학교의 공공성에 영향을 주는 요소라고 할 수 있다. 먼저 앞의 〈표 2〉에서 볼 수 있듯이 조사대상 학교 94개교 중에서 인가받은 학교는 19개교로써 20.2%이고, 미인가인 학교가 대부분으로써 75개교, 79.8%에 해당한다. 이는 그만큼 공적 기관으로서 취약성을 지니고 있다고 할 수 있으며, 공공 기관으로서 안전과 복지에 대해 점검 받을 수 있는 기회가 제한되어 있음을 의미한다. 기독교대안학교의 설립·운영 주체의 등록형태를 표로 나타내면 〈표 6〉과 같은데, 교회가 41.5%로써 가장 많고, 법인격 없는 단체와 미등록을 합하면 21.3%나 된다. 이런 경우 기독교대안학교의 법적 지위가 취약하고 그만큼 공공성이 약화될 수밖에 없다. 미인가 기독교대안학교와 교육부 발표 미인가 대안교육시설의 등록형태 비교를 표로 나타내면 〈표 7〉과 같은데, 일반 대안교육시설은 평생교육시설이나 사회복지시설로 등록된 경우가 각각 7.6%, 2.2%인 데 비해 미인가 기독교대안학교의 경우는 해당되는 경우가 없는 것으로 나타나고 있다. 그런데 일반 대안교육시설은 개인이 차지하는 비중이 75.1%로써 공적인 법적 지위가 확보되지 못하고 있음을 보여주고 있다.

〈표6〉 기독교대안학교 설립운영 주체의 등록 형태

학교 수(개)/백분율(%)

학교 설립/ 운영 주체	법인	교회	법인격 없는 단체	미등록	전체
	35	39	7	13	94
	37.2	41.5	7.4	13.8	100.0

〈표7〉 미인가 기독교대안학교와 교육부 발표 미인가 대안교육시설 등록형태 비교

학교 수(개)/백분율(%)

미인가 학교 법저 성격	평생교육 시설	사회복지 시설	법인	교회	법인격 없는 단체	미등록	전체
	~	~	21	34	7	13	75
	~	~	28.0	45.3	9.3	17.3	100.0

교육부 발표 미인가 대안교육 시설[44]	평생교육 시설	사회복지 시설	법인	법인격 없는 단체		개인	전체
	14	4	15	13		139	185
	7.3	2.2	8.1	7.0		75.1	100

기독교대안학교가 다른 학교들과의 연합과 협력을 도모하는 것은 공공성을 높이는 중요한 방법이 된다. 연합단체에 속하게 될 때 자신을 공개하게 되고, 다른 학교와 소통하면서 보다 공적으로 자신을 인식하고 계발해 갈 수 있기 때문이다. 먼저 기독교대안학교의 소속 단체 유무를 파악하여 도표로 나타내면 〈표 8〉과 같다. 소속 단체가 있는 경우가 55.3%로 나타났고, 없는 경우도 44.7%나 되었다. 인가도 받지 않고 연합 기관에도 소속되지 않으면 외부와의 소통이 지나치게 제한되고 검증을 받거나 피드백을 받을 수 있는 기회를 제대로 갖지 못하는 한계가 있기 때문에 공공성이 낮아질 수밖에 없다.

〈표8〉 기독교대안학교 소속단체 유무

학교 수(개)/백분율(%)

소속단체 유무	있다	없다	전체
	52	42	94
	55.3	44.7	100.0

기독교대안학교가 소속된 단체 현황을 도표로 나타내면 〈표 9〉와 같다. 기독교대안학교연맹에 속한 경우가 43.6%, ACSI KOREA에 속해 있는 경우가 13.8%, 기독교학교교육연구소에 속한 경우가 17%, 그리고 대안교육연대에 가입되어 있는 경우가 6.4%로 나타났다. 특히 대안교육연대는 일반 대안학교 연맹체로서 여기에 속하는 경우 일반 대안교육 진영과 소통할 수 있기 때문에 비기독교 입장의 목소리를 들을 수 있는 장점이 있다. 전반적으로 기독교대안학교가 다른 기독교대안학교들과의 소통은 물론이고 다른 유형의 학교들과 대화하고 네트워크를 형성함으로

44　교육부, "미인가 대안교육시설 185개 운영 현황 조사결과," 보도자료, 2013. 5. 23.

공공성을 함양해야 할 필요성이 있는 것으로 보여진다.

〈표9〉 기독교대안학교 가입 연합단체

응답학교 수=94개, 학교 수(개)/백분율(%)

	기독교 대안학교 연맹	ACSI KOREA	기독교학교 교육연구소	대안교육연대
소속이다	41	13	16	6
	43.6	13.8	17.0	6.4
소속이 아니다	53	81	78	88
	56.4	86.2	83.0	93.6

5. 교육비용

기독교대안학교의 공공성을 파악하기 위해서는 교육비용에 있어서 기독교적 공적 가치가 어느 정도 반영되어 있는지를 살펴보아야 한다. 등록금이 지나치게 고액이어서 부유한 계층의 자녀들만 입학할 수 있다면 그만큼 공공성은 낮아질 수밖에 없다. 경제적 수준이 낮은 계층의 자녀들도 기독교교육을 받을 수 있을 때 평등성과 접근성이 높아질 수 있고, 그만큼 공공성이 강화될 수 있을 것이다. 먼저 기독교대안학교의 연 평균 수업료를 도표로 나타내면 〈표 10〉과 같다.

〈표10〉 기독교대안학교 연 평균 수업료

학교 수(개)/백분율(%)

연 평균 수업료	면제	120만 원 미만	120만 원 이상 360만 원 미만	360만 원 이상 600만 원 미만	600만 원 이상 1200만 원 미만	1200만 원 이상	전체
	1	6	10	15	23	8	63
	1.6	9.5	15.9	23.8	36.5	12.7	100.0

위의 표에서 알 수 있듯이, 600만 원 이상~1200만 원 미만이 36.5%로써 가장 많고, 1200만 원 이상도 12.7%로써 연 평균 수업료가 600만 원 이상인 경우가 거의 절반에 해당한다. 360만 원 미만의 비교적 저렴한 수업료를 받는 학교는 17개교로써 27%에 불과하다. 이러한 기독교대안학교의 수업료는 일반 대안학교의 연간 수업료 평균이 477만 원인 것과 비교할 때 상대적으로 비싼 편이다.[45] 교육부의 통계발표에 의하면 대안교육시설의 학습자들의 부담금(수업료, 기숙사비, 급식비 포함, 입학금은 제외)은 연간 평균 6백만 원 정도이며, 무료인 곳이 32개인 반면 1천만 원 이상인 곳도 31개로써 큰 편차를 보이고 있음을 알 수 있다. 학생 부담금이 어느 정도인지를 파악하고 교육목적에 따른 분류에 따라 어떤 분포를 보이는지를 도표로 나타내면 〈표 11〉과 같다.[46]

이 도표에서 알 수 있듯이 탈북학생, 미혼모 등 사회적 취약계층을 대상으로 하는 시설은 수업료를 받지 않거나 연간 부담금이 250만 원 미만으로 '강한 공공성을 추구'하는 것으로 분석되고 있으며, 국제교육을 목적으로 하는 시설은 수업료가 1천만 원 이상으로 수익자 부담이 높은 것으로 나타나고 있다. 기독교대안학교들이 상당히 포함되어 있는 종교·선교를 목적으로 한 대안교육시설의 경우도 상대적으로 부담금이 높은 편에 속하는데, 500만 원~1,000만 원이 19개 시설이었고, 1,000만 원 이상

---

45 교육부가 2012년 발표한 대안학교의 연간 학생부담금 현황은 아래와 같다(교육부, 보도자료, 2013. 5. 23.).

(단위: 천 원)

구분	입학금 (120)	수업료 (159)	기숙사비 (60)	급식비 (116)	입학금+수업료+기숙사비+급식비	비고
최고	10,000	15,000	9,653	4,000	28,827	
최저	20	50	100	120	50	
평균	1,976	4,768	2,767	1,171	7,514	

※ ( )는 해당 부담금을 수납하는 학교급수/최저는 주로 평생교육시설 , 사회복지시설

46 교육부, "미인가 대안교육시설 185개 운영 현황 조사결과," 보도자료, 2013. 5. 23.

<표11> 학생부담금 규모별 시설수(학교급수 기준)

구분	면제	100만 원 마면	100만 원 ~250만 원	250만 원 ~500만 원	500만 원 ~1천만 원	1천만 원 이상	합계
시설수	32	20	22	34	64	31	203
%	15.8	9.9	10.8	16.7	31.5	15.3	100
다문화	1	1	2	1			5
탈북학생	2		1				3
미혼모	3						3
부적응 학생	15	10	6	8	19	7	65
일반 대안교육	9	5	11	23	24	5	77
종교 · 선교	1		2	2	19	12	36
국제교육					1	7	8
기타	1	4			1		6

※ 부담금 규모 시설 수는 학교급으로 구분함(예를 들면 초 · 중학교 통합은 각각 구분)

이 12개 시설로 나타나고 있다. 일반 대안교육시설과 비교해 볼 때도 부담금이 높은 것으로 나타나고 있다. 물론 수업료가 높게 책정되는 것은 국가가 지원해 주지 않는 상태에서 양질의 교육을 제공하기 위해서는 불가피한 선택이라고 할 수 있으나 경제적인 어려움으로 인해 기독교대안학교에 원천적으로 접근이 불가능하게 되는 상황은 극복되어야 공공성을 강화할 수 있을 것이다.

IV. 나가는 말: 요약 및 제언

한국의 기독교대안학교는 어느 정도 공공성을 지니고 있는가? 이를 파악하기 위해 교육 공공성 개념과 기독교적 공공성 개념으로부터 '기독교적 교육 공공성'의 기준을 추출하였다. 이는 국가나 공공기관이 주관하는 교육기관이 아니기 때문에 공공적이지 않다는 입장과는 달리, 추구하는 교육이 공적 가치를 지닌다면 공공적이라는 입장에 서 있다. 즉, 교육목표, 교육대상, 교육과정, 법적 지위, 교육비용에 있어서 공공적 가치를 추구하는지를 파악하고, 특히 기독교적 공적 가치로서 하나님 나라의 지표를 어느 정도 내포하고 있는지를 분석함으로 기독교적 공공성 정도를 파악하려고 하였다.

이러한 분석 결과 첫째, 교육목표에 있어서 '섬김, 나눔, 봉사'를 강조하고 있다는 점에서 공공성이 강하지만, '정의, 평화, 통일, 환경, 다문화' 등의 주제들을 충분히 포함하고 있지 못하다는 점에서 교육목표 진술에 있어 '기독교적 공공성'에 대한 보다 의도적인 강조가 요청된다. 둘째, 교육대상에 있어서 기독교대안학교는 기독교적 정체성과 분명한 기독교 교육 실천을 위해서 기독교인 부모나 자녀로 상당부분 제한을 둘 수밖에 없는 것으로 보인다. 그러나 장애인, 탈북학생, 중도탈락자, 다문화 가정의 자녀 등 소외된 계층의 학생들을 대상으로 하는 기독교대안학교가 소수이고, 그들을 교육대상으로 하는 학교도 많지 않기 때문에 '기독교적 공공성'이 약한 편이고, 이 부분에 있어서 공공성을 강화할 필요가 있다. 셋째, 교육과정에 있어서는 교육내용이 공적 가치를 함유하는 것과 공교육과 소통하는 면에서 공공성이 강화될 필요가 있다. 외국 교과서를 그대로 사용하는 것은 지양되어야 하며 개인적인 신앙양육의 차원만이 아니라 하나님 나라의 가치를 강조할 필요가 있다. 정의교육, 평화교육, 환경교육, 통일교육 등은 교육과정에서 기독교적 공적 가치를 강화하는 중요한 역할을 담당하게 될 것이다. 넷째, 법적 지위에 있어서는 기독교대안학교가 어떤 형태로든 공식적인 지위를 갖춤으로써 공적인 관여가 가능한 구조를 가져야 할 것이다. 대안학교 인가가 아니더라도 교육기관 및 시설로서 인정받는 다양한 방안을 모색할 수 있으며, 기독교대안학교 또는 대안학교 연합체에 속하여 상호 소통하며 상호 점검을 받을 수 있어야 할 것이다. 다섯째, 교육경비에 있어서는 등록금이 과도하게 높게 책정되지 않도록 노력을 기울여 기독교대안학교에 대한 접근성을 높여야 할 것이다. 이를 위해서는 바우처 제도를 비롯한 다양한 재정 지원 방안이 모색되어야 할 것이며, 설립 주체인 교회와 단체들이 지속적으로 후원하는 구조가 되어야 할 것이다.

미국의 교육사회학자 마이클 애플(Michael Apple, 1942~)은 진보적인 입장에 서서 미국의 복음주의 교회들이 중심이 되어 확산시키는 기독교학교 운동 및 홈스쿨링 운동이 미국의 공교육체계를 무너뜨리고 있다고 비판한다.[47] 그에 의하면 복음주의 가정의 부모들이 공립학교에서 신앙교육을 할 수 없기 때문에 그 자녀들을 빼내어 기독교학교에 보내거나 홈스쿨링을 통해 교육하는 것은 백인 중산층이 자기 자본을 자기 자녀에게 집중하는 것으로써 공공성을 심각하게 결여하고 있다고 주장한다.[48] 만약 한국의 기독교대안학교 운동이 기독교적인 건학이념을 표방하면서도 비싼 등록금을 내서라도 명문대에 자녀를 보내고 싶어 하는 부모들의 욕심을 충족시키는 방향으로 나아간다면 애플의 비판의 대상이 될 수밖에 없을 것이다. 기독교대안학교운동이 또 다른 형태의 신자유주의 교육운동이 되어서는 안 될 것이다. 획일주의적인 공교육의 한계를 극복하고 학생들의 자율성과 다양성을 강조하며, 무엇보다 신앙적인 가치관에 입

---

47 Michael Apple, *Educating The 'Right' Way: Markets, Standards, God, and Inequality*, 성열 역, 『미국 교육개혁, 옳은 길로 가고 있나』(서울: 우리교육, 2003).
48 위의 책, 232~286. 미국 복음주의 진영의 공립학교에 대한 인식은 Frank C. Nelsen, *Public Schools: An Evangelical Appraisal*(Old Tappan, N.J.: Revell Company, 1987)을 참조.

각한 교육을 강조하면서도, 경제적으로 여유 있는 기독교인 가정의 자녀들에 대한 엘리트교육으로 전락하지 않도록 해야 할 것이다.

기독교교육이 기독교적 공적 가치인 하나님 나라를 추구함으로써 이웃과 국가, 세계와 우주를 섬기고 봉사하여 하나님이 다스리는 정의와 평화의 나라를 이루는 교육임을 분명히 해야 할 것이다. 이것이 기독교대안학교가 추구해야 하는 기독교적 대안성일 것이다. 온전한 복음, 온전한 기독교는 이러한 공적 가치가 구현되는 것까지를 포함한다. 기독교대안학교가 추구해야 하는 공공성은 세상이 요구하는 공공성의 수준에 맞추거나 그 곳에 머무는 것이 아니라 '자기를 부인하고' 온전히 하나님 나라를 추구하는 공공성이다. 한국의 기독교대안학교가 이러한 기독교적 공적 가치를 힘 있게 구현함으로써 교육의 진정한 모범을 보일 수 있기를 소망한다.

참·고·문·헌

고길섶. "주어진 공공성에서 만드는 공공성으로." 강영택 외. 『중등우리교육』. 2001년 4월호.
교육부. "미인가 대안교육시설 185개 운영현황 조사 결과." 보도자료. 2013. 5. 23.
기독교학교교육연구소. 『기독교대안학교 가이드』. 서울: 예영커뮤니케이션, 2012.
김명용. 『열린 신학, 바른 교회론』. 서울: 장로회신학대학교 출판부, 1997.
김철주, 고병철. "한국 종립대안학교의 종교교육과 대안성." 『정신문화연구』. 제34권 제3호.
나병현. "공교육의 의미와 교육의 공공성 문제." 『한국교육』. 2002년 Vol.29, No. 2.
류태선. 『공적 진리로서의 복음: 레슬리 뉴비긴의 신학사상』. 서울: 한들출판사, 2011.
문시영. "공공신학 실천을 위하여: 공-사의 이분법을 넘어서." 새세대교회윤리연구소 편. 『공공신학, 어떻게 실천할 것인가』. 서울: 북코리아, 2008.
박상진. 『기독교학교교육론』. 서울: 예영커뮤니케이션, 2006.
박용규. "대부흥운동이 기독교학교 설립에 끼친 영향." 『평양대부흥운동과 기독교학교』. 서울: 예영커뮤니케이션, 2007.
서덕희. "또 다시 묻는 질문, 교육의 공공성이란 무엇인가?." 『중등우리교육』. 2001, 10월호.
성병창. "교육 공공성의 개념 체계와 정립 원리." 『초등교육연구』. 2007. Vol.20, No.3.
손규태. 『하나님 나라와 공공성: 그리스도교 사회윤리 개론』. 서울: 대한기독교서회, 2010.
엄기호. "국가와 시장을 넘어: 교육의 공공성 개념을 재구성하기 위하여." 『중등우리교육』. 2001. 4월호.
이상훈. "스택하우스의 공공신학에 관한 이해." 새세대교회윤리연구소 편. 『공공신학이란 무엇인가?』. 서울: 북코리아, 2007.
이종태. "교육의 공공성 개념의 재검토: 공공성 논쟁의 분석과 개념의 명료화를 위한 논의." 『한국교육』. 2006, Vol. 33, No. 3.

이형기. 『하나님의 나라와 교회』. 서울: 한들출판사, 2005.

이형기 외. 『공적신학과 공적 교회』. 용인: 킹덤북스, 2010.

임성빈 외. 『공공신학』. 서울: 예영커뮤니케이션, 2009.

장신근. 『공적실천신학과 세계화시대의 기독교교육』. 서울: 장로회신학
　　　대학교 출판부, 2007.

조한상. 『공공성이란 무엇인가』. 서울: 책세상, 2009.

Apple, Michael. *Educating The 'Right' Way: Markets, Standards, God, and In-
　　　equality.* 성열관 역. 『미국 교육개혁, 옳은 길로 가고 있나』. 서울:
　　　우리교육, 2003.

Nelsen, Frank C. *Public Schools: An Evangelical Appraisal.* Old Tappan, N.J.:
　　　Revell Company, 1987.

Osmer, Richard R. & Schweitzer, Friedrich L. *Developing a Public Faith: New
　　　Directions in Practical Theology.* 연세기독교교육학포럼 역. 『공적
　　　신앙과 실천신학』. 서울: 대한기독교서회, 2005.

Stackhouse, Max. *Globalization, Civil Society, Christian Ethics.* 심미경 역. 『지
　　　구화, 시민사회, 기독교윤리』. 서울: 패스터스하우스, 2005.

　　　＿＿＿＿＿＿＿. 이상훈 역. "공공신학이란 무엇인가." 『공공신학, 어떻게
　　　실천할 것인가』. 서울: 북코리아, 2008.

1. 공적인 측면에서 현재의 기독교학교의 비판점들을 찾아보고, 자신이 생각하는 기독교학교의 공공성에 대해 설명해 보자.

2. 기독교대안학교의 교육 공공성을 평가하기 위한 다섯 가지 평가 영역(목표, 대상, 내용, 지위, 비용)을 정리하고, 그 적절성 여부와 추가 영역의 가능성과 필요성에 대해 토론해 보자.

3. 기독교학교의 기독교적 공공성을 가늠해 볼 수 있는 지표들(정의, 평화, 생태계 보전, 타종교 · 문화 이해, 공동체, 시민직, 봉사, 통일 및 이중언어)을 정리하고, 각 지표들을 토대로 기독교대안학교의 기독교적 공공성을 평가한다면, 어떻게 평가할 수 있을지 토론해 보자.

4. 저자는 교육 공공성과 기독교적 공공성을 통합하는 "기독교적 교육 공공성"을 제시하였다. 앞서 토론한 내용을 토대로 "기독교적 교육 공공성"을 위한 보다 보완된 길 또는 새로운 기독교적 교육 공공성을 세우는 길에 대해 토론해 보고, 그것을 오늘날 기독교대안학교에 적용해 보자.

3장
공교육 안에서의
기독교학교의 사명과 공공성

강영택 교수(우석대학교, 교육학)

3장 공교육 안에서 기독교학교의 사명과 공공성[1]

Ⅰ. 들어가는 말: 기독교학교의 공공성 논의의 필요성

공교육제도는 근대국가의 토대가 되는 중요한 제도 중 하나이다. 그러므로 공교육제도 하에 있는 학교가 국가의 형성과 발전을 위해 공공성을 추구하는 것은 당연한 것으로 받아들여져 왔다. 우리나라에서 학교의 공공성 문제는 2000년대 들어 새롭게 주목을 받으며 논의가 활발하게 이루어졌다. 그것은 학교의 교육 공공성이 약화되고 있는 우리나라의 사회적 현상과 관계하는 것으로 보인다. 교육 공공성이 우리나라에서 최근 논의되고 있는 맥락은 크게 두 가지이다. 첫째는 신자유주의 교육정책에 대한 비판으로서의 논의이고, 둘째는 사립학교(법 개정)와 관련하여 교육의 자율성과 대응하여 이루어지는 논의이다.

먼저 1990년대 말의 IMF사태로 말미암아 불어닥친 신자유주의 이념이 2000년대 이후 우리나라에 큰 영향을 끼쳐 교육의 시장화 혹 사사화

---

1 본 글은 2013년 11월 16일(토)기독교학교교육연구소에서 〈기독교학교와 공공성〉을 주제로 개최한 학술대회에서 발표하였고, 이후 "기독교학교의 사명과 공공성"이라는 제목으로 「신앙과 학문」 2013, 18(4)에 게재한 것을 최종적으로 다듬어 이 책에 옮겼음을 밝힌다.

(privatization)를 촉진하는 신자유주의 성향의 교육개혁이 세력을 떨치게 되었다. 이러한 현상에 대한 비판으로 교육의 평등성과 국가의 관리 책임을 강조하는 교육 공공성 논의가 활발하게 진행되었다(서덕희, 2001; 엄기호, 2001; 이종태, 2006). 또한 2004년 발생했던 대광고등학교 강의석 학생 사건을 계기로 학생의 종교 자유라는 공공성과 종립학교의 종교교육의 자유라는 자율성의 문제가 공공성 논의의 주요 주제로 떠올랐다(김재웅, 2006; 박종보, 2007; 전재중, 2006). 이 논의는 2006년 개정된 사립학교법과 관련하여 학교의 공공성과 사립학교의 자율성과의 관계에 대한 논의로 이어졌다(강경근, 2006; 김신일, 2006; 김재춘, 2006).

이러한 두 맥락에서의 교육 공공성에 대한 논의는 공공성의 관점에서 기독교학교를 바라보는 데 그다지 긍정적으로 작용하지 않았다. 신자유주의 교육정책에 대한 비판으로서의 공공성 강화는 자칫 교육의 공공성을 교육의 반시장화 혹은 교육에 대한 국가의 관리·책임 강화 등으로 단순화할 우려가 있다. 이런 관점은 국가의 직접적 관리 책임 하에 있는 공립학교가 국가의 개입 정도가 상대적으로 느슨한 사립학교나 대안학교보다 교육 공공성을 잘 추구하고 있는 것처럼 보이도록 만들 수 있기 때문이다. 그리고 학교의 자율적 운영과 종교교육의 자유를 요구하는 기독교학교 관계자들의 목소리가 기독교학교는 공공성을 경시한다는 오해를 낳게 할 수도 있기 때문이다. 더구나 일부 기독교학교에서 비신자 학생들에게 신앙교육을 강압적으로 실시한 예들로 인해 마치 기독교학교가 공적 관심 대신 종파적 관심만을 갖는 반공공적(反公共的) 기관인 것처럼 호도될 수도 있다.

그러나 이러한 일부의 시각과는 달리 기독교학교는 교육 공공성을 학교의 본질적 사명과 관계하는 것으로 여겨왔다. 교회와 기독교학교의 공식문서나 우리나라 기독교학교의 초기 역사는 기독교학교의 공공적 성격을 분명하게 증언하고 있다(강영택, 2012b). 2007년 발표한 대한예수교장로회 통합측의 '기독교학교교육헌장'이나 2006년 채택한 한국 가톨릭 주교회의의 '한국가톨릭 학교교육헌장'은 정의와 평화가 핵심인 하나님 나라 건설을 기독교학교의 교육목표로 삼고 있다. 한말의 많은 초창기 기독교학교들은 교육구국(敎育救國)을 위해 혼신의 힘을 기울였던 역사를 가지고 있다.[2]

본 연구에서 기독교학교가 공공성을 중시한다는 사실을 다시 자세하게 밝힐 필요는 없다고 본다. 대신 기독교학교가 추구해야 할 공공성이 무엇인가 하는 점을 주안점으로 삼고자 한다. 기독교학교는 종립학교로서 일반 공립학교와는 다른 측면에서 우리 사회에 기여할 수 있는 부분이 있다. 기독교학교교육은 교육이 보편적으로 갖는 공적인 기능뿐 아니라 신앙 혹은 영성을 토대로 한 교육이 갖는 공적인 역할도 갖는다. 그러므로 본 연구의 목적은 기독교학교가 지향하는 교육 공공성의 내용이 무엇이며, 이러한 공공성의 추구가 우리사회에 어떤 기여를 할 수 있는지를 살펴보는 것이다. 이러한 목적을 위해 본 연구에서는 먼저 교육 공공성에 대한 지금까지의 논의를 정리한 후 이에 더하여 기독교학교가 지향하는 공공성 확보를 위해 실천해야 할 세 가지 교육을 제시하고자 한다. 이러한 교육을 통해 기독교학교는 우리 사회에서 취약한 공적 가치를 강화함으로써 우리 사회의 성숙에 기여할 수 있음을 주장하고자 한다.

---

2 초창기 우리나라 기독교학교들의 종교교육·신앙교육과 사회적 책무성과의 관계에 대해서는 강영택(2012a)을 참조할 것.

II. 교육 공공성과 기독교학교의 공공성

프랑스, 독일, 영국 등 서구 국가들에서 공교육제도의 발달과정은 근대국가 형성과정의 일부로 전개되었다. 민족국가의 형성과 강화를 위해 국민통합과 사회통합의 필요성이 제기되었고, 공교육의 발달은 이러한 사회적 필요에 부합하는 방식으로 이루어졌다. 사회통합과 질서의 유지를 위해서는 국가가 교육의 기회를 평등하게 관리하고 공정한 선발체제를 유지하는 것이 중요한 과제였다(김신일, 2006: 이윤미, 2001). '국가 관리'와 '평등성'은 현대에도 공교육의 기본 원리가 되어 '공교육이란 국가에 의해 관리, 지원되는 교육체제로서 모든 국민에게 평등한 교육기회를 제공하는 것'이라는 정의가 성립하는 근거가 된다(이윤미, 2001: 14).

그러나 교육의 국가 관리와 평등성이 공교육의 기본원칙이긴 하지만 그 자체가 공공성을 담보하는 준거라 하기는 어렵다. 이 두 요소는 교육이 특정계층이나 개인의 이익을 위해 작용하지 않도록 하기 위한 필요조건일 뿐이다. 즉, 국가가 교육을 관리하고 이를 통해 평등성을 확보하는 일이 근대 민족국가의 성공적 완수를 위해 필요한 전제조건이었다. 그러면 교육의 공공성을 위한 충분조건은 무엇인가? 교육의 공공성을 온전히 충족시키는 것은 교육이 지향하는 가치나 교육을 통해 기르고자 하는 인간상이 무엇인지 하는 것과 관련이 깊다(이종태, 2006). 이렇게 볼 때 교육의 공공성은 교육의 제공 주체가 누구인가에 따라 결정되는 것이라기보다는 교육이 추구하는 가치와 목표에 의해 결정된다고 하는 것이 타당하다. 그러므로 교육이 특정집단의 이익을 위해 이루어지거나 교육을 받는 개인이나 집단이 자신의 출세와 영달을 교육의 목적으로 삼는다면 국가가 관리하는 교육이라 할지라도 교육의 공공성이 실현된다고 보기 어렵다. 반면 교육이 인류의 보편적 가치를 함양하도록 하고 이웃을 향한 봉사를 교육의 목적으로 삼는다면 비록 국가 관리의 형태가 아니더라도 교육의 공공성에 더 가깝다고 할 수 있다(이종태, 2006).

이러한 관점으로 볼 때 공공성을 지향하는 교육이란 "공적으로 행위할 수 있고, 말할 수 있고, 사유할 수 있는 인간을 기르는 교육"이라 규정한 한나 아렌트(Hannah Arendt, 1906~1975)의 견해를 수긍할 수 있다(이은선, 2003: 이종태, 2006에서 재인용). 공적으로 행위하고 말하고 사유하는 인간은 자신의 생존의 문제나 사적 이익에만 관심을 갖는 자가 아니라 타자의 존재에 깊은 관심을 갖고 공동체의 형성에 기여할 수 있는 자일 것이다.

앞의 교육 공공성에 대한 논의에서는 주로 교육이 추구하는 가치와 목표에 초점을 둔 반면 성병창(2007)은 이에 덧붙여 교육의 내용과 대상 그리고 교육비용 등을 고려한 보다 폭넓은 논의를 통해 교육 공공성의 개념을 체계화하였다. 그는 교육 공공성이 어떤 교육의 목표를 달성하고자 하는지, 교육행위자가 어떤 교육수혜자를 대상으로 어떤 교육내용에 초점을 두는지, 그러한 교육을 수행하기 위해 요청되는 교육비용을 어떻게 확보하고 배분할 것인지 등과 같은 요인들에 의해 결정된다고 보았다(성병창, 2007: 233). 그에 따르면 교육목표, 교육내용, 교육대상, 교육비용 등과 같은 네 가지 요인들이 중요한데, 교육목표는 사랑의 속성을 갖는 공의와 도덕적 정당성을 갖는 공익이어야 하고, 교육내용은 공적 지식 생산능력을 키울 수 있는 것이어야 한다고 했다. 그리고 교육대상은 차별이 아닌 차이가 인정되는 보편적 일반 대중이어야 하고, 교육비용과 관련해서는 교육받을 권리를 보장하는 비용의 충분한 확충과 공정한 배분이 중요하다고 했다(성병창, 2007: 234~239).

이상의 논의들을 종합하면 교육의 공공성에는 우선 교육이 지향하는 가치와 목표가 공의(公義) 혹은 공익(公益)에 부합해야 되고, 교육의 내용은 그 추구하는 가치에 적합한 것이 되어야 한다. 이러한 조건이 이루어질 때 교육은 공공성을 지향한다고 할 수 있다. 그러나 교육 공공성의 실제적인 완성은 교육대상을 선정하는 일이나 비용을 확보, 배분하는 일에서 평등성이 확보될 때 이루어진다고 할 수 있다. 그런데 고교평준화제도가 시행되는 우리나라 공교육체제 하에서는 기독교학교를 포함한 많은 학교들에서 교육대상의 선정이나 교육비용의 배분이 국가의 관리 하에 비교적 공평하게 이루어진다고 볼 수 있다.[3] 그래서 본 논문에서는 교육의 공공성 논의를 주로 교육의 목표와 내용에 초점을 두고자 한다.

기독교학교의 공공성 역시 이러한 교육 공공성의 틀 안에서 이해되어야 한다. 기독교학교는 전통적으로 사회적 책무성을 학교의 중요한 사명의 일부로 여겨왔기 때문에 교육 공공성은 기독교학교의 정체성과도 관계한다(강영택, 2012b). 다만 종교계 사립학교에 속하는 기독교학교의 공공성은 공립학교의 공공성과는 다른 독특성을 지닐 수 있다. 기독교학교는 교육기관으로서 교육이 갖는 일반적인 공공성을 공립학교와 공유하지만 종교교육 혹 신앙교육을 학교의 정체성으로 삼기에 신앙교육으로 기인하는 독특한 공공성을 가질 수도 있다.

2006년 한국 가톨릭 주교회의에서 승인한 '한국가톨릭학교 교육헌장'에 따르면 가톨릭학교의 교육방향은 생명존중교육, 평화와 정의교육, 봉

---

3 물론 학생의 학업능력과 경제적 여건에 따라 학생을 선별적으로 선발하는 자율고와 특목고, 그리고 일부의 대안학교들은 교육대상의 선정이나 교육비용의 확보 및 배분이란 측면에서 교육 공공성의 문제를 비판적으로 검토해봐야 할 것이다. 또한 이 논의를 사교육의 범위로까지 확대한다면 교육대상과 비용의 문제는 평등성의 기준에서 심각한 비판을 받을 수밖에 없다. 그러나 본 논문에서 이에 대한 논의를 본격적으로 하지는 않는다.

사교육, 문화적 대화교육, 환경보전교육으로 되어 있다. 기독교적 가치가 집약되어 있는 다섯 가지 주제들을 학교교육의 방향과 교육내용으로 삼고 있는데 이는 현대사회에서 요구하는 공공성과 깊은 관계가 있는 주제들이다. 또한 오늘날 미국의 가톨릭학교들은 제2차 바티칸공의회의 정신에 따라 사회정의와 사람들의 복지 증진에 기여하기 위해 노력하고 있고, 인간의 관계적·공동체적 측면을 중시하여 학교에서 공동체성의 회복을 추구한 결과 미국사회에서 공공선의 확립에 기여했다는 평을 받고 있다(Bryk, et al., 1993).

기독교교육학자이자 철학자인 월터스토프(Wolterstorff, 2004)는 기독교의 핵심적 비전을 샬롬(shalom)이라 보고 기독교학교가 지향해야 하는 교육목표 역시 샬롬이라고 주장하였다. 그에 따르면 샬롬은 평화를 넘어 정의가 실현되는 상태를 말한다. 그러므로 기독교학교가 지향하는 목표가 정의와 평화가 되어야 하고 이는 교육내용의 핵심이 되어야 한다고 했다. 또 다른 기독교교육학자이자 사회운동가인 팔머(Palmer, 1993)는 진정한 교육의 영성이란 교육을 통해 진리의 공동체를 회복하는 것이라고 하여 공동체 교육을 (기독교적) 교육이 지향해야 하는 목표로 삼았다.

기독교학교에 대한 가톨릭교회와 기독교학자들의 이상의 논의들을 바탕으로 할 때 생명존중, 공동체성, 정의, 평화 등이 기독교학교가 지향해야 하는 주요 공적 가치들임을 알 수 있다. 이러한 가치들은 오늘날 우리사회가 추구하는 공공성의 기반이 되는 것이기도 하다. 그래서 본 논문에서는 이러한 가치들을 교육목표와 내용으로 삼는 영성교육, 공동체교육, 정의와 평화교육 등을 공공성을 지향하는 기독교학교교육으로 보고 이에 대해 살펴보고자 한다. 이들 세 종류의 교육은 상호 밀접한 연관성을 갖고 있고 실현하고자 하는 가치가 복합적이어서 이들 교육을 명확하게 구분하기가 어렵다. 그럼에도 불구하고 다음 장에서는 영성교육, 공동체교육, 정의와 평화교육을 구분하여 각각이 의미하는 바가 무엇이며, 이들이 어떤 면에서 기독교학교의 교육 공공성과 관계하고, 우리사회에 기여하는지 논의하도록 하겠다.

Ⅲ. 공공성을 지향하는 기독교학교교육

1. 영성교육

종교계 사립학교로서 기독교학교가 갖는 가장 두드러지는 특징은 기독교적 신앙·영성이 학교교육의 기반이 된다는 점이다. 기독교학교에서 신앙은 교육에 다양한 방식으로 영향을 미칠 수 있다. 신앙이 교육에 주는 영향은 교육의 공공성에 장애가 될 수도 있지만 크게 기여할 수도 있다. 만일 학교에서 교육하는 신앙이 배타적이고 편협하여 종파적 관심에만 경도된다면 기독교학교교육은 사회의 공공성 확립에 기여를 하지 못하게 될 것이다. 그러나 학교가 성경을 토대로 한 기독교신앙의 정신을 제대로 살려 영성에 기반한 교육을 실시한다면 기독교학교교육은 오늘날 근대교육이 안고 있는 많은 문제점들을 극복하고 공공성을 확보하는 데 큰 기여를 할 것이다. 특히 생명에 대한 통전적 시각과 초월적 관점 대신 효율적 가치로 생명의 존엄성을 쉽게 평가하는 오늘날의 생명 경시 풍조에 대한 적절한 대안이 될 것이다.

교육에서 영성이 의미하는 바는 인간의 내면에 대한 깊은 탐구와 관계한다. "내 인생은 의미와 목적을 지니고 있는가?" "나는 누구를 그리고 무엇을 신뢰할 수 있는가?" "나의 두려움의 근원은 무엇이며 어떻게 떨쳐 낼 수 있는가?" "나 자신과 가족과 이웃들의 고통을 어떻게 이해해야 하는가?" "어떻게 희망을 지탱할 수 있는가?" "나 자신과 세계에 생명을 불어넣어 줄 저기 바깥의 무엇이 있는가?" "어떻게 나는 내 자아보다 더 커다란 무엇과 연결될 수 있을까?" 등과 같이 인간 영혼의 절박한 질문과 요구를 다루는 것이 영성교육의 주 내용이다(Palmer, 2011: 203~206).

근대사회의 많은 학교들이 종교의 중립성을 표방하다가 영성을 교육의 영역에서 배제시키는 결과를 낳았다. 영성교육을 배제한 근대교육은 사람들의 소외감, 고립감, 정신적 혼란, 깊은 두려움과 무력감 등 정신적·사회적 위기를 극복하는 데 어려움을 겪는다. 이런 문제를 해결하기 위해서는 인간 내면을 깊이 탐구하는 영성교육이 필요하다고 본다(한명희 외, 2010).

영성교육을 간과해 온 근대교육의 또 하나의 맹점은 세상을 편협한 시각으로 보도록 만들었다는 점이다. 팔머(1993)는 근대교육이 강조하는 지성의 눈으로는 차가운 사실과 이성의 세계는 볼 수 있지만 따뜻한 마음과 영혼의 세계는 볼 수 없고, 그래서 사람들은 점차 기계적이고 지배적인 성향을 갖게 된다고 했다. 즉, 영성이 결여된 학교교육이 사람들로 하여금 세계를 분석하고 조작하여 결국 타인을 지배하는 힘을 기르게 하는 역할을 하고 있다는 것이다. 그러므로 지성과 마음이 하나가 되어 세상을 보는 온전한 시각을 회복하기 위해서는 영성 형성을 위한 영성교육이 반드시 필요하다고 한다.

공공성을 지향하는 기독교학교의 영성교육에는 통전성(wholeness)과 환대(hospitality)의 영성이 특히 중요하다(손원영, 2007; Palmer, 1993; 2011). 통전성과 환대의 영성은 생명존중 사상을 매우 분명하게 보여준다. 통전성이란 인간이 지·정·의로 구성된 인격체이며, 인간의 육체와 정신은 분리될 수 없는 총체적 존재임을 선언하는 말이다. 나아가 인간은 나, 너, 우리의 공동체적 존재이며, 자연·우주 그리고 신과 궁극적으로 연결되어 있어 인간의 존재 속에서나 자연의 미물 속에서도 신을 발견할 수 있다고 보는 것이다(손원영, 2007). 구약성경에서는 하나님의 자녀를 이스라엘 백성으로 부르고 신약성경에서는 교회 성도로 부른다. 이는 하나님이 우리의 개체성을 인정하는 동시에 공동체성을 중시하여 우리를 대하는 방식을 보여준다. "하나님의 나라가 너희 안에 거한다"라는 예수님의 말씀 역시 공동체적 존재로서의 우리와 하나님과의 유기적 관계를 보여주는 표현이다. 이러한 것들은 통전성을 보여주는 성경적 예들이라 할 수 있다.

이러한 통전성의 영성이 기독교학교에서 교육된다는 것은 분절되고 개인주의화 된 우리 사회와 학교의 공공성 회복을 위한 적절한 대응책이 될 수 있다. 오늘날 우리 학교에서는 입시 위주의 교육으로 인해 삶과 유리된 지식만이 과도하게 강조되고 있다. 또한 학생 개인은 타인과의 관계에서는 경쟁적 관계로, 자연과의 관계에서는 개발과 정복의 대상으로, 신과의 관계에서는 철저한 무관심의 대상으로 대하도록 교육받는다. 그래서 인간은 스스로 파편화되어 타자와 분리된 채 고립된 존재로 살게 된다. 이러한 상황에서 기독교학교의 통전성의 영성교육은 인간 개인의 측면에서는 학생의 지성과 감정과 의지와 행위를 통합하도록 안내하고, 관계적 측면에서는 학생을 타인과 자연과 하나님과의 깊은 관계 속으로 이끌어 건강한 개인과 사회를 형성하는 토대가 되게 한다.

환대란 라틴어 'hospes'의 의미로, "주인과 손님이 식탁을 마주하고 하나가 된다"로부터 온 개념이다. 이를 레비나스(Levinas)의 용어로 설명하면, "타자에 대한 존중 가운데 결코 나로 환원될 수 없는 그 타자(otherness)를 기쁜 마음으로 환영하는 것"으로 말할 수 있다(손원영, 2007). 성경은 환대의 예들을 잘 보여준다. 아브라함이 낯선 나그네를 맞이하여 극진히 대접했을 때 아브라함은 천사와 하나님을 대접한 것이었다(창 18장). 엠마오로 가던 두 제자가 길 위에서 낯선 사람을 만나 그를 집으로 영접하여 대접했을 때 그들은 부활하신 예수님을 만났다(눅 24장).

환대의 영성은 민주주의 사회를 지탱하는 데 필수적인 요소이다(Palmer, 2011). 낯선 사람을 적으로 여기는 한 민주주의 사회는 지속될 수 없다. 민주주의 사회에는 낯선 사람들이 자유롭게 얼굴을 마주보면서 섞일 수 있는 공적 공간이 필요하다. 학교는 그러한 공적 공간의 역할을 하는 동시에 낯선 이들을 수용하고 환대하는 태도를 배우는 공간이어야 한다. 그러나 오늘날 우리의 학교들은 점점 계층적·문화적 동질 집단이 모이는 장소로 바뀌고 있어 나와 다른 타인에 대한 수용과 환대를 교육하는 데 실패하고 있다. 이러한 상황에서 기독교학교에서의 환대의 영성교육은 왜 낯선 자를 환대해야 하는지, 타자를 환대한다는 것이 무엇인지를 분명하게 가르침으로써 우리 사회에서 공적 영역을 확대하는 데 기여할 수 있을 것이다.

통전성과 환대를 핵심 내용으로 하는 기독교학교에서의 영성교육은 학생들을 분열되지 않은 총체적 인간으로 잘 교육시켜 낯선 사람들이 서로를 환영하고 수용하는 공적 공간으로서의 사회를 건설하도록 하는 데 기여할 것으로 보인다. 이를 위해 기독교학교에서 시도될 수 있는 영성교육의 실천방안은 다양할 수 있다.

먼저, 기독교학교에서 통전성의 영성교육을 위한 방법에는 기도, 명상, 성경묵상, 자연과의 교감 등이 있다. 대표적인 영성교육의 방법인 기도와 명상은 먼저 자신의 분열된 내면을 통합한 뒤 자신과 타인, 인간과 인간 외의 것, 보이는 것과 보이지 않는 것이 한데 얽혀 있는 광대한 생명 공동체 속으로 들어가도록 안내하는 길이 된다(Palmer, 1993: 59). 기독교 대안학교인 산돌학교에서는 학생들이 매일 새벽에 일어나 성경을 비롯한 명상자료를 읽으면서 명상의 시간을 갖고 아침산행을 통해 자연과의 교감의 시간을 갖는다고 한다. 이를 통해 그들은 우주 속의 자아를 깨달아 인간의 통전성을 배워간다고 한다(송순재, 2006). 기독교학교인 풀무학교에서는 학생들이 매일 새벽에 함께 모여 성경을 읽고 묵상을 한다. 학생들은 성경묵상 시간을 통해 자신과 자신, 타인, 하나님과의 관계에 대해 깊이 생각을 할 수 있어 이 시간이 자신들의 가치관의 토대를 놓는 귀중한 시간이었다고 말하곤 한다(홍순명, 1998).

통전성의 영성과 함께 중요한 환대의 영성교육을 위해 기독교학교에서 실천할 수 있는 방법에는 다문화적 감수성의 개발과 낯선 이들과의 만남이 있다. 다문화적 감수성은 사회의 다양한 이슈에 대해 다문화적 관점에서 비판적으로 인식하는 태도나 능력을 일컫는다. 이는 학교 혹 사회에 존재하는 다양한 문화에 대해 민감하게 인식하되 타문화에 대해 편견적인 태도 대신 수용적인 태도를 취하는 것이다. 이런 다문화적 감수성은 타문화 속에 있는 낯선 사람을 두려워하거나 거부하지 않고 환영하는 환대의 영성을 위한 기초가 된다. 학생들에게 다문화적 감수성을 증진시키기 위해서는 먼저 학생 주변에 있는 문화적 다양성에 대해 의식할 수 있는 시간을 갖게 하는 것이 필요하다. 그리고 주변에 존재하는 다양한 문화에 대한 정확한 지식을 습득하게 하여 타문화에 대한 편견을 버리고 수용적 태도를 갖도록 지도해야 한다. 특히 기독교학교에서 환대의 영성교육을 위해서는 타종교에 대한 올바른 이해와 태도를 갖도록 교육하는 것이 중요하다. 환대의 영성을 기르는 또 하나의 좋은 방법은 타문화권에 속한 사람들을 자주 만나게 하는 것이다. 잘 계획되기만 하면 낯선 이들과의 직접적인 대면은 사람들의 표면적인 차이를 넘어서 우리 모두가 하나님의 피조물로서의 존엄성을 지닌 동일한 인간임을 깨닫게 하는 좋은 교육의 장이 될 수 있다.

2. 공동체교육

교육에서 공동체라는 주제는 활발하지는 않지만 지속적으로 논의되는 중요한 주제이다. 1990년대 이후 서구에서나 우리나라에서 공동체교육 또는 교육 공동체에 대한 관심이 증대한 것은 공동체성을 상실하고 있는 현대사회와 학교에 대한 성찰의 결과일 것이다. 소외감, 학교폭력, 왕따현상, 협동심의 상실 등 오늘날 학교교육이 안고 있는 위기적 상황이 공동체적 가치 대신 개인주의와 경쟁의 가치가 중시되고 관료적 조직체계의 성격이 강화되는 학교로부터 연유하는 결과임이 종종 지적된다(Furman, 2002). 그래서 구성원들 사이의 상호의존성을 핵심으로 하는 공동체성을 학교에서 학생들에게 경험하게 하는 것이 오늘날 교육의 문제점을 극복하게 하는 길이라고 주장되기도 한다(Sergiovanni, 1996).

기독교학교는 일찍부터 공동체교육에 대해 강조해 왔다. 기독교학교 교육은 공동체적 성격을 띨 수밖에 없다. 앞장에서 논의한 영성교육은 왜 기독교학교가 공동체교육을 교육의 본질적 특성으로 삼을 수밖에 없는지를 보여준다. 통전성의 영성을 지닌 인간은 다른 주체들과의 유기적 관계에 있을 때 온전한 인간이 될 수 있다고 말했다. 이 말은 인간이 관계적 존재, 혹 공동체적 존재임을 의미한다. 환대의 영성은 인간이 타자를 인정하고 환영하는 공동체의 형성이 인간의 중요한 사명임을 말하고 있다. 그러므로 기독교학교에서 영성교육의 추구는 필연적으로 학생들로 하여금 타자를 배려하고 환대하여 상호간에 유기적 관계를 경험하는 공동체를 형성하는 것을 교육의 목적으로 삼는 공동체교육을 지향하게 한다.

기독교학교에서 공동체교육의 중요성은 교육의 핵심인 인간과 지식에 대한 기독교적 관점을 살펴볼 때 보다 분명해진다.[4] 먼저 인간에 대한 기독교적 관점은 창세기에 나타나는 인간 창조에 대한 기사에서 잘 나타난다. 창세기 말씀은 하나님의 형상으로 지음 받은 인간이 관계적 존재임을 보여준다. 관계적 존재라 함은 인간이 자신을 창조하신 하나님, 더불어 살아가야 하는 다른 인간, 보살피고 경작해야 할 자연과의 올바른 관계성 가운데 있을 때 비로소 참된 인간일 수 있음을 의미한다. 그런데 인간이 관계적 존재일 수밖에 없는 이유는 인간을 창조하신 하나님의 속성 때문이기도 하다. 즉, 삼위일체로 존재하시는 하나님은 성부, 성자, 성령의 공동체 가운데 존재하시며 관계성 속에서 인격적으로 살아계신다(Migliore, 1991, p.69). 하나님은 "서로를 주는 나눔의 공동체"로서의 삶을 지니고 있다(p.61). 인간은 이러한 하나님의 속성이 반영되어 있는 존재이다. 리차드 마우(Richard Mouw, 2004)는 기독교인은 단수가 아닌 복수이며, 그리스도를 따른다는 것은 신앙 공동체의 일원이 되는 것이라 하였다.

그러나 성경에서 인간의 관계적 속성과 공동체적 삶의 중요성을 강조하지만 이것이 인간을 집단 속의 부분으로만 간주하여 개인적 존엄성과

---

4 이하 인간과 지식에 대한 기독교적 논의에 대한 부분은 강영택(2009)의 논문 "학교공동체에 대한 기독교적 모형 연구"를 참조하고 인용하였다.

자율성을 경시하는 것으로 이해되어서는 안 된다. 바울이 지체 비유에서 말한 바와 같이 몸의 각 지체들은 개별적 가치를 가지며 각자의 역할을 잘 수행할 때 비로소 몸 전체가 건강해지는 것이다. 공동체에서 각 부분과 전체는 유기적 관계를 이루어 상호의존적으로 존재하고 있다.

이처럼 인간을 관계적 존재로 볼 때 기독교학교교육은 학생들에게 다른 대상들과 올바른 관계성을 갖도록 하는 것이 교육의 목표와 내용이 되는 공동체교육을 실시하지 않을 수 없다. 이와 더불어 기독교학교의 공동체교육은 학교 자체가 학생 개인의 개체성을 존중하면서도 구성원 상호간의 유기적 관계성을 중시하는 공동체가 되도록 노력하는 교육이다.

지식에 대한 기독교적 관점에 대해 기독교교육학자들은 지식이 인격적, 공동체적, 참여적 성격을 갖는다고 한다(박상진, 2004; 한철희, 2004; Palmer, 1993). 지식이 인격적이라는 말은 지식이 인식 주체의 바깥에 객관적으로 존재하는 것이 아니라 인식 주체와의 인격적 관계 가운데 발견된다는 것을 의미한다. 그러므로 사물을 인식할 때 인식 주체의 개인적 열정, 가치, 호기심, 신념 등이 지식 습득에 중요한 영향을 준다는 것이다. 지식이 공동체적이라는 말은 사물을 인식하는 것이 인식 주체의 주관에 의한 개인적 행위가 아니라 공동체적 행위라는 의미이다. 인간이 무언가를 이해하기 위해서는 그들이 뿌리를 두고 있는 공동체의 합의에 의존하게 된다. 나아가 실재란 개별적 실체로 존재하지 않고 공동체적 관계망 가운데 존재한다는 관점을 받아들인다면 우리가 실재를 알 수 있는 방법은 그들과의 공동체적 관계 속으로 들어가는 것이 올바른 길일 것이다. 인식 주체가 인식 대상과의 인격적 관계를 맺어 공동체를 형성하고 거기에 참여할 때 대상을 진정으로 알 수 있다는 점에서 지식은 참여적이라 할 수 있다. 지식의 참여적 성격은 대상에 대한 책임과 헌신을 요구하게 된다.

여호와를 경외하는 것이 지식의 근본이라는 잠언의 말씀은 지식에 대한 성경적 관점을 잘 보여준다. 인간이 하나님을 경외하는 인격적 관계 안에서만 하나님에 대한 지식을 알 수 있다. 하나님과의 관계에 참여하고 그에 대한 책임과 헌신을 다하는 것이 하나님을 아는 길이다. 단지 하나님에 대한 인지적, 관습적 앎에 머물러 있는 이스라엘 백성을 향해 호세아 선지자는 "내 백성이 지식이 없어 망하는도다(호 4:6)."라고 말했다. 바리새인들과 서기관들이 지니고 있었던 하나님에 대한 지식 역시 인격적이지도, 참여적이지도 않은 지식이었다. 그러므로 그들은 하나님을 안다고 생각했지만 예수님은 그들이 하나님을 알지 못한다고 분명히 말씀하셨다(요 8:19). 이러한 관점에 따르면 앎(knowing)은 존재(being)와 분리될 수 없다. 지식을 가르치고 배우는 일은 우리의 존재를 형성해 가는 중요한 과정이 된다.

이상과 같이 지식의 인격적, 공동체적, 참여적 성격을 고려한다면 기독교학교에서의 교육은 일방적인 지식 전달을 목적으로 하는 주입식 교육이 아닌 학생들의 적극적인 참여와 상호작용을 독려하는 탐구식 수업이나 협력 학습이 주된 교수방법이 되어야 할 것이다. 이러한 교수방법의 사용은 지식을 탐구하는 교실이 탐구 주제, 학생, 교사 사이에 유기적 관계성이 형성되는 공동체가 되는 데 기여할 것이다. 지식의 참여적 성격은 교육이 단순히 지식의 이해에 머물지 않고 실천에까지 나아가도록 설계하는 것이 중요함을 보여준다. 이런 면에서 팔머(1993)가 말한 대로 교육은 "진리에 대한 순종이 실천되는 공간을 창조하는 일"이라 할 수 있다.

앞의 내용을 요약하면, 기독교학교에서의 통전성과 환대의 영성교육을 생각하거나 교육의 토대가 되는 기독교적 인간관과 지식관을 고려할 때 공동체교육은 기독교학교교육의 핵심임을 알 수 있다. 기독교학교에서 공동체교육이란 공동체성이 교육의 목적과 내용이 되는 동시에 공동체성이 교육의 방법이 되는 것을 일컫는다. 즉, 기독교학교의 공동체교육은 학생들이 이웃이나 자연을 비롯한 타자와 화목한 관계를 갖는 공동체 형성을 교육의 목적으로 삼고, 지식의 탐구과정에서도 학생의 능동적인 참여와 다른 대상과의 상호작용 등 공동체적 성격을 중요한 교육방법으로 삼는 교육이다.

그런데 공동체 형성을 목표로 하는 공동체교육이 언제나 바람직한 방향으로 이루어지지는 않는다. 공동체에 대한 오해와 위험성이 도사리고 있기 때문이다. 팔머(2008)는 공동체를 진정한 공동체와 거짓 공동체로 구분하였다. 공동체교육은 단순히 공동체 형성을 목적으로 하기보다는 진정한 공동체 형성에 기여하는 것이 되어야 한다. 거짓 공동체는 집단이 개인보다 우위에 있다고 주장하는 반면 진정한 공동체에서는 집단이 개인을 살피고 개인은 집단을 살펴 서로가 균형을 잡도록 해준다. 거짓 공동체는 이데올로기의 추상적인 개념이 개인을 삼켜버리는 반면 진정한 공동체에서는 추상적인 개념이 아니라 구체적인 개인들이 존중된다. 진정한 공동체는 그 공동체가 가장 소중히 여기는 것이 무엇인지를 면밀하게 검토하는 자기비판적 공동체이다(Palmer, 2008: 145~147). 그러한 공동체는 나와 비슷한 사람들의 유대로 이루어지기보다는 "세상을 자신의 이미지로 만들려는 우리의 욕구를 없애기에 충분한 다양성과 갈등"이 존재하는 곳이다(Palmer, 2008: 151). 그래서 공동체 생활에서 우리는 힘듦과 실망을 경험하지 않을 수 없다. 그러한 고통스러운 경험 가운데서 우리는 오히려 인간의 모든 관계 너머에 있는 하나님을 발견하는 기회를 얻게 된다. 그런 의미에서 부버가 말한 것처럼 공동체는 하나님의 현현을 기다리는 공간이기도 하다.

공동체의 이런 특성을 고려할 때 기독교학교의 공동체교육은 타인과의 상호의존적 관계성을 중시하는 것을 넘어 하나님을 추구하는 공동체를 지향하게 된다. 이러한 교육은 학생들에게 타인에 대한 두려움을 극복하고 그들을 환대하는 영성을 기르게 하며 타자와의 관계에서 오는 힘듦을 넘어 초월적 존재와의 관계에서 영적 경험을 할 수 있는 기회를 제공하게 한다. 이러한 공동체교육은 오늘날 우리 사회가 타자와의 단절에서 오는 고립감, 소외감, 허무감 등을 극복하고 건강하고 화해로운 사회로 발전하는 데 기여할 것으로 보인다.

기독교학교에서 공동체교육은 다양한 방식으로 시행되어 왔다. 기독교학교인 풀무학교는 설립 초기부터 지금까지 공동체교육을 지속적으로 시행해 오고 있다. '더불어 사는 평민'이라는 풀무학교의 모토는 학교의 공동체적 성격을 잘 나타낸다. 100명 이하의 학생 수를 갖는 작은 학교 규모는 풀무학교가 추구하는 공동체교육의 중요한 환경이 된다. 다양한 동아리활동, 소수의 학생으로 구성되어 학생들의 참여가 활발한 수업, 민주적으로 운영되는 학생자치활동, 일상생활을 함께하는 기숙사 생활 등은 학생들 상호간, 학생과 교사 간 친밀한 관계를 맺게 하여 공동체를 이루게 하는 중요한 교육방식들이다. 공동체를 교육의 목표로 삼을 뿐 아니라 공동체적 성격을 교육방법으로 삼는 풀무학교 전공부의 졸업생들은 학교에서 배운 가장 가치로운 것으로 공동체적 경험을 꼽기도 했다. 그들은 관념 속에 있던 공동체가 학교생활을 통해 구체적으로 경험되었고, 자신의 신념과 다른 이들과의 만남 가운데 힘들었지만 갈등을 조정하고 남을 배려하는 법을 배웠다고 고백했다(김정숙, 강영택, 2012).

3. 정의와 평화교육

정의와 평화교육은 기독교학교가 추구하는 중요한 교육목표이자 교육내용이다. 정의와 평화교육을 기독교학교의 목표로 삼는 이유는 정의와 평화가 기독교학교의 토대가 되는 성경의 핵심적 가르침이기 때문이다. 구약성경이 우리 인간들에게 보여주는 궁극적 비전은 샬롬이다(Wolterstorff, 2004; 양금희, 2007). 구약에서 샬롬의 의미는 전쟁 없는 상태를 나타내는 것을 넘어 인간과 공동체, 인간과 자연, 인간과 하나님 사이의 바른 관계로 인한 평안과 안녕의 상태를 지칭하고, 이를 넘어 현재를 포함하여 종말론적 미래에 하나님이 완성하실 이 세상 모든 피조물들의 궁극적 구원을 지칭하는 포괄적 개념이다(양금희, 2007). 신약성경 역시 샬롬(shalom)과 유사한 의미를 가진 '평화(eirene)'란 단어를 복음의 핵심으로 제시하고 있다. 에베소서 2:14~17은 그리스도께서 우리의 깨어진 두 가지 관계, 즉, 인간들 사이의 깨어진 관계와 인간과 하나님 사이의 깨어진 관계를 모두 치유하시고 회복시키심을 말하고 있다. 평화의 왕으로 오신 그리스도의 삶은 평화를 만드는 삶 그 자체임을 신약성경은 증언하고 있다. 또한 신약성경의 핵심적 개념어인 '하나님 나라' 역시 구약에서의 샬롬의 의미와 상통한다고 할 수 있다(Plantinga, 2002). 샬롬은 평화로 번역되지만 단순히 인간 내면의 평온한 상태나 전쟁이 없는 상태를 넘어서 인간이 타자와의 관계에서 갖는 정의로운 상태를 전제로 하는 개념이다. 즉, 사람이 다른 사람과의 관계에서 각자의 권리를 향유하는 상태를 의미하는 정의가 샬롬의 필수조건이 된다. 그러므로 샬롬을 우리말로 표현할 때 '정의를 품은 평화' 혹은 '정의와 평화'로 나타낼 수 있다. 그래서 이 글에서는 샬롬의 교육을 정의교육과 평화교육으로 나누어 제시하고자 한다.

성경에서 강조하는 정의는 오늘날 주로 통용되는 '보응적 정의(retributive justice)'보다는 '기초적 정의(primary justice)' 혹은 '사회적 정의(social justice)'에 가깝다(Wolterstorff, 2004). 이는 모든 사람들이 그들에게 주어진 기본적인 권리를 누리는 상태를 의미한다. 성경은 특히 권리가 박탈당하기 쉬운 고아, 과부, 나그네와 같은 주변인들의 정의에 대해 관심을 많이 기울인다. 인간이 갖는 권리 가운데 가장 기본적인 것이 생계유지의 권리이다. 그러므로 가난의 문제는 권리 혹은 정의와 관련하여 중요하게 다루어야 할 주제이다. 한 사람이 권리를 누리기 위해서는 다른 사람은 책무성·의무를 지게 된다. 즉, 다른 사람들이 마땅히 누릴 권리를 빼앗아서는 안 되고, 그들이 권리를 빼앗기지 않도록 보호해야 하며, 권리를 빼앗겼을 경우 그들을 도울 의무를 진다(Wolterstorff, 2004). 이런 관점에서 볼 때, 정의는 우리로 하여금 가난한 자들을 착취하는 일을 금할 뿐 아니라 가난한 이들의 생계수단이 빼앗기지 않도록 보호하기 위해 보다 공평한 사회제도를 만드는 일까지 요구하고 있다.

정의는 샬롬의 필요조건이지만 충분조건은 아니다. 샬롬의 중심에는 충만한 기쁨이 있다. 하나님, 자연, 이웃, 자신과의 화목한 관계에서 오는 기쁨이 평화이다. 성경에서 말하는 평화는 네 가지 관계적 차원에서 이루어진다. 인격적 경외의 대상인 하나님과의 관계, 경작하고 보호해야 할 자연과의 관계, 이해하고 사랑하며 더불어 사는 이웃과의 관계, 언제나 수용하고 긍정하는 가운데 성장에 힘써야 하는 자신과의 관계에서 화목함을 이룰 때 인간은 평화와 기쁨을 누리게 된다. 창세기 1~2장은 화목한 관계에서 누리는 평화와 기쁨은 하나님이 인간에게 주신 축복임을 보여준다. '기쁨의 동산'이라는 뜻을 지닌 에덴동산에 살게 된 아담과 하와는 하나님의 보살핌 가운데 동산의 자연을 경작하며 서로 간의 사랑 가운데 평화를 누리며 살았다. 이 평화는 인간이 하나님의 말씀을 거역함으로 균열이 가기 시작했다. 하나님에 대한 불신앙으로부터 인간은 여러 관계들이 깨어져 나타나는 현상인 '소외'를 맞이하게 되었다. 틸리히(Tillich)는 이런 소외현상을 1) 존재 간의 불화 혹은 이간 상태, 2) 자신의 유한성을 인정하지 않고 자신을 세계의 중심으로 삼는 교만, 3) 무한한 탐욕 등으로 설명하면서 평화의 대립개념으로 보았다(고용수, 2007: 75). 성경은 평화의 회복이라는 비전을 지속적으로 보여준다. 교육을 비롯한 인간의 사회·문화적 노력은 이 평화를 회복하기 위한 추구이다.

기독교학교에서 정의교육이란 정의를 교육의 목적으로 삼는 동시에 교육방법의 핵심 지표로 삼는 교육이다. 그러므로 기독교학교는 정의를 위해 정의롭게 교육하는 공간이어야 한다(Wolterstorff, 2004). 학생들에게 정의를 가르치기 위해서는 먼저 교실과 학교가 정의로운 곳이 되어야 한다. 교실에서 교사가 학생들에게 하나님의 형상을 지닌 인간으로서의 가치에 부합하는 존엄성을 표하지 않거나 학생들의 학업활동에 대해 정당한 평가를 하지 않는 것은 정의롭지 못한 교육의 예가 된다. 학교가 학생을 선발할 때 학생의 외적 조건들, 즉, 인종, 문화, 집안 배경 등을 고려하여 뽑는다면 그것은 정의로운 학교와는 거리가 멀다. 기독교학교는 우리나라 헌법에서 보장하는 바와 같이 모든 학생들이 자신의 능력과 적성에 부합한 교육을 받는 학습권을 충분히 누릴 수 있도록 최선을 다해야 한다.

학생들에게 정의를 교육한다는 것은 학생들에게 불의에 대한 경각심을 심어주는 것이며 정의를 추구하려는 경향성·실천성을 계발시키는 것이다. 불의에 대항하고 정의를 실천하는 경향성을 계발하기 위해서는 학생들에게 사회정의의 문제들에 대한 적절한 인지적 사고틀을 갖고 윤리적 인격의 형성을 위해 돕는 것이 필요하다.

먼저, 인지적 사고틀의 형성은 성경을 토대로 하는 기독교적 사회윤리와 사회과학적 사고를 기반으로 하는 사회에 대한 구조적 분석을 종합함으로 이루어질 수 있다. 윤리적 인격 형성을 위한 좋은 방안은 모델링(modeling)과 공감(empathy)의 형성이다(Wolterstorff, 2002). 학생들은 주위의 사람들, 특히 그들이 애정 혹은 존경을 갖는 사람들이 하는 일들을 관찰한 후 행동하는 경향이 강하기 때문에 교사의 모델링은 학생들의 윤리적 인격 형성에 매우 중요하다. 그리고 불의 가운데 고통당하는 자들의 아픔을 공감하는 것이 정의를 실천하는 중요한 시발점이 된다. 그러므로 학생들로 하여금 불의로 인한 희생자들의 얼굴을 대면하고 그들의 목소리를 듣는 기회를 제공하여 그들과 공감할 수 있도록 해야 한다. 공감 능력을 키우는 좋은 방법은 학생들에게 문학작품, 특히 소설을 많이 읽게 하는 것이다. 좋은 리얼리즘 소설은 우리가 실제 경험하기 어려운 현실을 알게 하고 특히 소외받는 자들의 실상을 깨닫게 하여 정의를 위한 실천을 가능하게 한다(Nussbaum, 1995). 월터스토프(2004: 36)는 "정의를 위한 열정은 공감의 산물이다"라고 했다.

기독교학교에서 평화교육이란 평화가 교육의 목적인 동시에 교육의 내용이 되는 교육이다. 평화교육은 학생으로 하여금 먼저 네 가지 관계, 즉, 하나님, 자기 자신, 이웃·사회, 자연과 평화로운 관계를 맺게 함으로 그것으로부터 연유하는 기쁨을 누리게 하는 교육이다. 나아가 학생이 그리스도를 본받아 세상 안에서 적극적으로 평화를 실천함으로 하나님 나라 운동에 참여하게 하는 교육이다(양금희, 2007). 이를 보다 구체적으로 말하면 평화교육은 네 가지 차원에서 이루어진다. 첫째, 모든 관계의 기초가 되는 하나님과의 평화로운 관계를 맺도록 인도하는 교육이다. 죄, 회개, 용서, 구원, 예수 그리스도 등의 주제를 이해하고 묵상하도록 지도하는 것이 필요하다. 둘째, 자기 자신과 화해하고 평안을 누리도록 초대하는 교육이다. 학생이 자신의 내면을 바로 볼 수 있도록 돕고 자신의 약점과 어두운 면을 인정하고 품을 수 있도록 지도해야 한다. 셋째, 이웃과의 관계에서 평화의 관계를 가질 뿐 아니라 공동체적 영역에서 화해와 치유를 실천하도록 돕는 교육이다. 이를 위해 인간의 존엄성과 생명의 소중함을 깨닫고 경쟁과 지배 대신 협력적 삶을 실천하는 것을 배우고 구조화된 폭력과 불의에 대한 예언자적 목소리를 내는 것을 배워야 한다. 넷째, 자연과의 관계에서 상생하는 생태적 삶의 태도를 배우는 교육이다. 인간의 욕망으로 인한 생태계의 파괴에 대해 이해하고 인간이 피조세계의 일부로서 충실한 청지기적 사명을 가질 것을 배워야 한다.

기독교학교에서 평화교육은 학생들에게 평화에 대한 지식과 태도와 기술을 습득하게 하여 평화실천 능력을 키우도록 돕는 것이다. 이런 면에서 바트케(Battke)의 평화학습모델은 정의교육과 평화교육의 구체적인 방안을 찾는 데 도움이 된다(양금희, 2007). 바트케의 평화학습모델은 다섯 단계로 이루어지는데 첫째 단계에서는 학습자들이 평화문제와 만나고 그것을 개인적이고 실존적 차원으로 내면화하고 공감하도록 인도된다. 둘째 단계에서는 평화문제에 대한 비판적이고 분석적 이해로 초대된다. 셋째 단계에서는 평화문제를 해결할 수 있는 평화실천 전략과 계획을 숙고한다. 넷째 단계에서는 전략과 계획을 실험적으로 실천하는 과정을 걷게 한다. 다섯째 단계에서는 그에 대한 비판과 평가를 통하여 다음

단계의 학습으로 나아갈 수 있게 한다(양금희, 2007: 147~148). 바트케의 평화학습모델에 기독교적 평화개념에 대한 숙고를 첨가하면 이 모델은 기독교학교에서 활용 가능한 좋은 방안이 될 수 있다.

이상에서 논의한 기독교학교의 정의와 평화교육은 오늘날 우리 사회와 학교에 크게 기여할 수 있을 것으로 보인다. 정의와 평화는 우리 사회가 추구하는 중요한 공적 가치이지만 오늘날 학교들이 잃어버리고 있는 교육목표이기도 하다. 정의와 평화교육을 통해 기독교학교는 불의와 단절로 고통 당하는 자들에게 기쁨과 희망을 주는 사명을 감당해야 할 것이다.

IV. 기독교학교교육의 사회적 기여

교육의 공공성은 교육이 지향하는 가치와 교육목표가 개인적 이익의 차원을 넘어 공동체적 필요와 인류의 보편적 가치에 부합할 때 실현된다고 하였다. 그렇게 본다면 오늘날 우리나라의 전반적인 학교교육에는 분명히 공공성이 매우 취약하다고 말할 수밖에 없다. 앞에서 언급한 바와 같이 점차 강화되는 신자유주의 교육정책으로 인한 교육의 시장화와 오랜 우리나라 학교문화인 입시교육은 교육의 공공성을 훼손하는 주요 요인으로 지목되고 있다. 교육의 시장화에서는 학생이 교육 받는 것을 소비자로서의 권리를 이행하는 것으로 보기 때문에 시민적 책무성이라는 공공성이 개입될 여지가 줄어든다. 그리고 입시교육 하에서는 학생과 교사들이 모두 상급학교 진학, 특히 대학입시를 실질적인 학교교육의 목표로 삼기 때문에 다른 중요한 공적 가치들은 명분으로만 존재할 뿐 교육에서 실제적인 힘을 발휘하지 못하게 된다. 이런 상황에서는 학교교육이 공공성을 추구하기보다는 개인의 이익과 영달을 위한 수단이 될 가능성이 매우 높다.

이처럼 공공성이 취약한 교육이 지속된다면 결국 우리 사회는 개인적 욕망의 각축장이 되어 능력 있고 힘 있는 자들이 사회의 혜택을 독점하는 불의한 결과를 낳게 될 것이다. 이렇게 되면 사회적 갈등은 심화되고 사회의 안정성은 심각하게 훼손되어 모두가 불행한 사회가 될 가능성이 커진다. 이미 이런 징조들이 우리 가까이에서 나타나고 있다. 그래서 학교교육에서 교육 공공성을 복원하기 위한 논의와 노력들이 꾸준하게 일어나고 있다.

기독교학교라고 해도 교육의 시장화와 입시교육이라는 영향권으로로부터 결코 벗어나 있지 않다. 오히려 앞서 말한 것처럼 일반 학교들이 직면한 어려움과 더불어 공립학교가 주장하는 학교 운영의 자율성과 종교교육의 자유로 인해 교육 공공성은 어려움에 빠질 가능성이 더 높은 것도 사실이다. 그럼에도 불구하고 앞서 제시한 바와 같이 공공성을 지향하는 세 가지 기독교학교교육이 제대로 시행된다면 기독교학교는 우리 사회의 위기적 상황을 개선하는 데 크게 기여할 수 있을 것이다. 기독교학교의 영성교육, 공동체교육, 정의 및 평화교육은 우리 사회의 공공성 확립에 다음과 같이 기여할 수 있다.

첫째, 기독교학교의 영성교육은 물질주의와 현세주의로 소외와 허무 속에서 허우적거리는 우리 학교와 사회를 감성이 풍부하고 상상력이 넘치는 통전적 삶이 충만한 학교와 사회로 회복하는 데 기여할 것이다. 오늘날 우리 사회는 물질적 풍요를 얻기 위해 경제성장에 우리의 모든 에

너지를 쏟아 붓는다. 경제발전은 우리 사회의 목표이자 학교의 목표가 되었다. 국가의 경제발전에 유익한 인적자원을 양성하는 것과 자기 개인의 경제적 이득을 극대화 하는 것이 학교교육의 절대적인 과업이 된 현실에서 학교교육은 심미적, 영적, 초월적 가치를 간과할 수밖에 없다. 심미적, 영적, 초월적 가치가 배제되고 물질주의, 경제주의, 실증주의가 과도하게 영향을 미치는 사회에서 인간은 영성과 감성이 결여된 메마른 존재로서 소외감과 허무감을 갖기 쉽다. 이러한 현실 가운데 기독교학교의 영성교육은 인간이 지·정·의로 구성된 총체적인 인격체이며 현세적 가치뿐 아니라 초월적 가치를 추구하는 통전적 존재임을 깨닫게 하여 건강한 자아를 형성하는 데 도움을 줄 수 있다. 영성교육을 통한 내적 정체감과 외적 관계가 건강한 개인들의 양성은 서로를 배려하고 환대하는, 심미적, 영적으로 풍요로운 공적 사회를 건설하는 데 중요한 토대가 될 것이다.

기독교대안학교인 산돌학교에서 이루어지는 영성교육은 학생들을 종교적 세계로 인도하고 그 세계에 눈을 뜨게 하는 것을 목적으로 삼는다. 그런데 그런 영적 경험은 반드시 이웃과 더불어 체화되어야 함을 강조한다(송순재, 2006). 그래서 영성교육은 하나님의 우주 안에서 생명적 진리를 추구하는 구도의 삶을 통해 우리가 사는 세계가 경쟁과 지배가 주도하는 사회가 아닌 생명을 살리고 더불어 사는 가치가 생동하는 생태적이며 민주적인 공동체가 되도록 노력한다. 이러한 영성교육·신앙교육은 한말 기독교인 민족지도자들이 세운 기독교학교에서도 유사하게 실시되었다. 남강 이승훈이 세운 오산학교나 도산 안창호가 세운 대성학교에서 이승훈, 유영모, 조만식, 안창호 등과 같은 신실한 기독교인 지도자들에 의한 신앙교육은 학생들로 하여금 신앙적 경험이 자신을 넘어 이웃과 사회에 대한 헌신으로 확산되게 하였다(강영택, 2012a). 즉, 진정한 영성교육·신앙교육이란 개인의 내면의 문제에만 머물러 있지 않고 언제나 이웃과 사회에 대한 관심으로 확장해 감으로 사회의 공공성 확립에 기여함을 알 수 있다.

둘째, 기독교학교의 공동체교육은 개인주의와 경쟁 지상주의에 포획되어 각박해진 우리 학교와 사회를 따뜻하고 화목한 관계가 살아 있는 학교와 사회로 거듭나게 하는 데 기여할 것이다. 기독교학교는 공동체교육을 통해 관계적 존재로서의 인간의 특성을 가르치고 타자를 경쟁이나 이용의 대상이 아닌 협력과 배려의 관계 속에 있는 나와 다른 인격적 주체임을 인식시켜야 한다. 부버(Buber, 1878~1965)의 표현대로 학생들은 학교에서 타자와의 만남을 통해 '나(I)와 그것(It)'의 관계가 아닌 '나(I)와 너(You)'의 관계를 경험해야 하고 나아가 우리 사회가 나와 너의 진실한 만남이 있는 따뜻한 공동체로 성장하도록 노력해야 한다(Buber, 1958). 또한 기독교학교의 공동체교육은 공공성의 핵심내용이 되는 교육평등성 확립에 크게 기여할 수 있다. 우리나라는 가난한 지역의 학교와 부유한 지역의 학교 간 학생들의 학업 성취도 차이가 심한 편이다. 교육적 자원이 부족한 가난한 학생들에게 인성교육과 학업교육의 측면에서 자원의 부족을 보완해 주는 요소가 학교에서의 공동체적 경험이다. 즉, 학교와 지역사회에서 학생들과 어른들의 빈번한 만남을 기획하는 공동체교육은 가난한 학생들에게 사회적 자본을 공급하는 효과를 주어 학교 중퇴율을 줄이고 학업성취도를 향상시켜 교육 격차를 줄이는 데 기여할 수 있다(Bryk, et. al., 1993).

기독교학교인 풀무학교에서 실시한 공동체교육은 학생들에게 타인과 더불어 사는 삶의 방식을 가르치고 학교에서 공동체적 경험을 하게 할

뿐 아니라 나아가 졸업 후 건강한 지역 공동체 형성을 위해 노력하게 했
다. 풀무학교가 위치한 홍성군 홍동마을이 우리나라에서 대표적인 유기
농 산지이면서 협동조합이 발달한 곳으로 성장하게 된 배경에는 풀무학
교의 영향이 컸다(강영택, 김정숙, 2012). 풀무학교가 지역사회의 발전을 위
해 지식을 전수하는 역할을 했을 뿐 아니라 학교의 졸업생들이 졸업 후
지역에 남아 자립적인 지역 공동체 형성을 위해 많은 수고를 아끼지 않
았다. 그 결과 오늘의 홍동마을이 생겨날 수 있었다. 풀무학교의 공동체
교육은 기독교학교의 공동체교육이 교육 공공성 확립에 어떤 기여를 할
수 있는지를 보여주는 좋은 예라 할 수 있다.

셋째, 기독교학교의 정의와 평화교육은 우리 사회의 시장만능주의와
권력지상주의로 인한 패배자들의 고통과 아픔이 외면 당하는 우리 학교
와 사회에서 그들을 위로하고 그들이 재기할 수 있는 기회를 제공하는
정의로운 사회를 만드는 데 기여할 것이다. 정의를 모든 사람 특히 사회
적 약자들이 자신의 권리를 향유할 수 있는 상태라 할 때, 오늘날 학교교
육은 정의를 촉진하는 교육이라 말하기 어렵다. 학교교육에서 학업의 신
장을 위해 과도한 경쟁이 조장되고 제도화되어 있고, 경쟁에서 이긴 소
수의 승자에게만 모든 사회적 혜택이 돌아가는 것이 오늘의 현실이다.
그런데 교육에서의 경쟁은 시장과 마찬가지로 가난한 자들보다는 부를
가진 자들에게 유리하게 작용한다. 학생 개인의 학업성취도가 학생의 가
정배경과 밀접한 상관관계가 있음이 밝혀져 있고, 대학 간의 서열이 졸
업생들의 사회경제적 차이를 가져오는 것도 사실이다. 이러한 사실들은
우리의 현실이 가난한 가정의 학생들에게 자신의 정당한 권리를 누리지
못하게 하고 있음을 보여준다. 이러한 상황에서는 경쟁에서 일차로 실패
한 이들을 배려하고 그들이 재기할 수 있는 기회를 제공하도록 독려하는

것이 정의로운 교육일 것이다. 나아가 정의와 평화교육은 우리 사회와 학교에서의 경쟁이 차별적 보상정책(affirmative action)을 폭넓게 채용하여 약자를 배려하는 인간적인 경쟁이 되도록 사회체제를 재편하는 데 기여해야 할 것이다.

정의와 평화교육을 학교교육의 주요 목표로 삼고 있는 미국의 가톨릭학교들은 학생들에게 사회정의에 대한 헌신을 내면화시켜 성인이 되었을 때 사회에서 정의를 위한 리더십을 발휘하도록 교육하고 있다(Bryk, et. al., 1993). 또한 가톨릭학교들 중 일부는 가난한 소수인종들이 사는 미국의 도심지에 위치하여 그들을 위한 교육을 통해 공립학교보다 높은 교육적 성과를 성취함으로 교육적 평등성을 실현하는 데 기여하고 있다(Bryk, et. al., 1993). 이처럼 정의와 평화교육은 교육의 목표나 내용과 관계할 뿐 아니라 교육의 대상과도 매우 관련이 깊다. 정의와 평화교육은 자신의 권리를 요구하는데 취약한 사회적 약자들을 교육의 대상으로 삼음으로 그들을 사회에서 당당하게 살아가는 힘을 길러 주는 것이기도 하다. 우리나라에서도 많은 기독교학교들이 다문화가정 자녀와 북한이탈주민 자녀와 같은 우리 사회의 약자들을 위한 교육을 통해 그들이 자신의 권리를 누리며 살 수 있도록 돕는 교육을 하는 것은 정의와 평화교육의 좋은 예라 할 수 있다.[5]

---

5 다문화가정 자녀와 중도입국자 자녀를 위한 새날학교, 북한이탈주민 자녀를 위한 여명학교, 몽골 이주노동자자녀를 위한 재한몽골학교 등 우리 사회의 약자들을 돕는 다수의 학교들이 기독교인 혹은 교회에 의해 운영되는 기독교학교들이다.

V. 나가는 말

공교육제도의 발달과정에서 공교육의 학교들은 교육 공공성의 추구가 당연한 것으로 받아들여져 왔다. 그러나 오늘날 우리 사회와 학교를 돌아볼 때 학교교육의 현실이 공공성의 추구와 점점 거리가 멀어져가고 있음을 발견하게 된다. 교육이 추구하는 가치나 목표는 경제와 물질만능주의의 범람 속에서 개인의 이익과 영달 추구가 과도하게 나타나고 있다. 교육의 내용과 방법에서도 교사의 일방적인 수업을 통해 인간의 삶과 유리된 단편적인 지식을 학생 개인에게 전달하는 방식으로 교육이 주로 이루어진다. 더구나 이 과정에서 학생들이 처한 가정형편에 따라 일부의 학생들은 보다 효과적인 수업의 기회를 갖는 등 차별이 심심찮게 일어나기도 한다. 이러한 교육 하에서 공적으로 사유하고 말하고 행위하며 타자에 대해 깊은 관심을 갖는, 공공성을 추구하는 인간이 형성될 리 없다.

기독교학교 역시 공공성을 상실해 가는 오늘날 학교교육의 세태 속에서 이러한 비판을 면하기 어렵다. 그럼에도 불구하고 기독교학교의 토대가 되는 성경적 가르침과 일부 선구적인 기독교학교들을 살펴볼 때 오늘날 위기에 처한 학교교육의 현실을 극복하는 길을 기독교학교교육에서 발견할 수 있음을 알게 된다. 오늘날 우리 사회가 잃어가는 핵심적인 공적 가치들인 생명존중, 공동체성, 정의, 평화 등은 전통적으로 성경과 기독교학교에서 강조해 왔던 것들이다. 그러므로 이러한 가치들을 교육의 목표, 내용, 방법 속에 내면화시킨 영성교육, 공동체교육, 정의와 평화교육은 기독교학교교육이 우리 사회의 공공성 확립에 공헌할 수 있는 길이다.

앞에서 기독교학교의 영성교육, 공동체교육, 정의와 평화교육이 의미
하는 바와 그 실천방안에 대하여 살펴보았다. 이들 기독교학교교육이 현
대사회와 학교에 어떤 기여를 할 수 있는지에 대하여도 논의하였다. 기
독교학교가 점차 심해지는 교육의 사사화와 경쟁적 입시교육에 종속되
지 않고 교육에 대한 성경적 가르침의 본연에 충실하다면 앞에서 논한
바와 같이 기독교학교교육은 우리 사회의 발전에 큰 기여를 할 것이다.
기독교학교의 영성교육, 공동체교육, 정의와 평화교육은 우리 사회를 보
다 따뜻하고 풍부하고 평화롭고 정의로운 사회가 되게 하는 데 중요한
역할을 할 것으로 믿는다.

참 · 고 · 문 · 헌

강경근(2006). "사학운영의 자율성과 공공성: 개정 사립학교법을 중심으로," 한국교육학회 2006 춘계학술대회 자료집.

강영택(2009). "학교공동체에 대한 기독교적 모형 연구,"『기독교교육정보』, 24집, 37~67.

강영택(2012a). "초기 기독교학교의 신앙교육 비교고찰,"『신앙과 학문』, 17(2), 7~37, 2012a.

강영택(2012b). "기독교학교의 정체성 재정립을 위한 한 시도,"『기독교교육정보』, 34집, 145~180.

강영택, 김정숙(2012). "학교와 지역사회의 파트너십에 대한 사례연구: 홍성군 홍동지역을 중심으로,"『교육문제연구』, 43집, 27~49.

고용수(2007). "평화의 비전과 그리스도인의 삶(고용수 외 편),"『평화와 기독교교육』, 장로회신학대학교 기독교교육연구원.

김신일(2006). "교육의 공공성과 자율성," 한국교육학회 2006 춘계학술대회 자료집.

김재웅(2006). "사립학교에서의 종교교육의 가능성과 한계성, '한국에서의 종교교육 자유의 현실과 과제'," 기독교학교교육연구소 주최 심포지엄자료집.

김재춘(2006). "교육의 자율성과 공공성: 무엇을 위한 자율성과 공공성인가?," 한국교육학회 2006 춘계학술대회 자료집.

김정숙, 강영택(2012). "농촌 지역공동체의 지속가능성을 위한 주체형성 과정," 한국교육학연구』, 18(2), 51~82.

박상진(2004).『기독교 교육과정 탐구』, 서울: 장로회신학대학출판부.

박종보(2007). "사립학교에서 종교교육의 자유와 학생의 신앙의 자유,"『법학논총』, 24(3), 49~65.

서덕희(2001). "또 다시 묻는 질문, 교육의 공공성이란 무엇인가?,"『중등 우리교육 10월호』, 118~125.

성병창(2007). "교육 공공성의 개념체계와 정립 원리,"『초등교육연구』, 20(3), 229~249, 2007.

손원영(2007). "기독교학교에서의 기독교교육이 진단과 평가, 그리고 새 방향,"『기독교학교교육 6집』, 48~74.

송순재(2006). "자유종교교육 모형 탐색: 기독교 종립대안학교를 중심으로,"『종교교육학연구』, 23, 49~76.

양금희(2007). "통전적 평화를 지향하는 기독교 평화교육 연구(고용수 외 편),"『평화와 기독교교육』, 장로회신학대학교 기독교교육연구원.

엄기호(2001). "국가와 시장을 넘어: 교육의 공공성 개념을 재구성하기 위 하여,"『우리교육』, 141~148.

이윤미(2001). "공교육의 역사성과 교육의 공공성 문제,"『교육비평』, 6호, 12~31.

이은선(2003). "한나 아렌트의 '인간의 조건'과 '공공성'에로의 교육,"『교육 철학』, 29.

이종태(2006). "'교육의 공공성'개념의 재검토,"『한국교육』, 33(3), 3~29.

전재중(2006). "종교교육의 자유에 대한 법률적 해석, '한국에서의 종교교 육 자유의 현실과 과제',"기독교학교교육연구소 주최 심포지엄 자 료집.

한명희 외(2010).『종교성, 미래교육의 새로운 패러다임』, 서울: 학지사.

한철희(2004). "신앙교육을 위한 지식의 암묵적 내주성 고찰: 마이클 폴라 니의인식론과 파커팔머의 영성교육을 중심으로,"『한국기독교신 학논총』, 31집, 399~428,.

홍순명(2008).『더불어 사는 평민을 기르는 풀무학교 이야기』, 서울: 내일을 여는책.

Bryk, A., Lee. V., & Holland, P. *Catholic Schools and the Common Good,* Cambridge: Havard University Press, 1993.

Buber M. *I and Thou,* New York: Scribner's, 1958.

Mouw, R. *Calvinism in the Las Vegas airport: Making connections in today's world,* Grand Rapids, MI: Zondervan, 2004.

Migliore, D, *Faith seeking understanding.* Grand Rapids, MI.: Eerdmans, 1991.

Nussbaum, M. (1995) *Poetic Justice,* 박용준 역,『시적 정의』, 서울: 궁리, 2013.

Furman, G. Introduction, Furman (ed.) *School as Community,* Albany, New York: SUNY Press, 2002.

Palmer, P. (1993) *To Know As We Are Known,* 이종태 역,『가르침과 배움 의 영성』, 서울: IVP, 2006.

Palmer, P. (2008) *The Promise of Paradox,* 김명희 역,『가르침』, 서울: 아 바서원, 2012.

Palmer, P. (2011) *Healing The Heart of Democracy*. 김찬호 역, 『비통한 자들을 위한 정치학』, 서울: 글항아리, 2012.

Plantinga, C. *Engaging God's world*, Grand Rapids, MI: Eerdmans, 2002.

Sergiovanni, T. *Building Community in Schools*. SanFrancisco, California: Jossey-Bass, 1996.

Wolterstorff, N. *Educating for life: reflections on Christian teaching and learning*, Grand Rapids, MI: Baker, 2002.

Wolterstorff, N. *Educating for shalom: essays on Christian higher education*, Grand Rapids, MI: Eerdmans, 2004.

토 · 론 · 자 · 료

  1. 교육 공공성 문제가 본격적으로 시작된 배경이 되었던 신자유주의 이념, 교육의 시장화, 사사화(privatization)에 대해 알아보고, 어떤 모습들이 그에 해당되겠는지 교육의 영역에서 구체적인 사례를 찾아보자.

  2. 현재 한국교육을 지배하는 큰 흐름이라 할 수 있는 '교육의 시장화'와 '입시교육'이 어떻게 교육의 공공성을 훼손하는지에 대해 글의 내용을 토대로 토론해 보자.

  3. '영성교육,' '공동체교육,' '정의와 평화교육'이 어떻게 오늘날 우리 사회와 교육이 잃어버린 공적 가치들을 회복시키고 공공성 확립에 기여할 수 있는지 토론해 보자.

  4. 만약 내가 기독교학교의 운영자라면 어떻게 우리 학교의 공공성을 강화시킬 수 있겠는지 자신의 생각을 제시해 보자.

4장

교육법과 제도에 나타난 기독교학교의 자율성과 공공성

김재웅 교수(서강대학교, 교육학)

4장 교육법과 제도에 나타난 기독교학교의 자율성과 공공성[1]

Ⅰ. 들어가는 말

최근 들어 기독교학교에서의 '종교교육' 문제는 소위 '강의석 사태' 이후 사회적으로 논란이 되어오고 있고, 종전에 관행처럼 해 오던 '종교교육'이 거의 불가능한 상태에까지 이르게 되었다. 이러한 변화에 대하여 '학교 내 종교 자유'를 주장해 왔던 일부 시민단체와 학부모들은 환영하고 있으나, 종교를 기반으로 설립된 기독교학교의 운영자들은 크게 반발하고 있다. 기독교학교의 건학이념을 살리기가 쉽지 않은 가운데 많은 기독교학교들은 소위 '정체성 위기'를 경험하고 있는 것으로 보인다.

그러나 종교계 학교들의 정체성 문제가 우리나라만의 고유한 문제는 아닌 것 같다. 예컨대 필자가 근무하고 있는 서강대학교는 가톨릭 계통의 예수회가 세운 학교로서 이러한 정체성 위기 가운데 수년 전 구제 세미나를 개최한 적이 있다. 이 때 터너(Turner, 2008) 교수는 1980년대 중반 이후 미국의 가톨릭 대학은 더 이상 가톨릭 관련 과목이 커리큘럼의 중

[1] 본 글은 2013년 11월 16일(토)기독교학교교육연구소에서 〈기독교학교와 공공성〉을 주제로 개최한 학술대회에서 발표하였고, 후에 글을 다듬어 이 책에 옮겼음을 밝힌다.

심을 차지하고 있지 않고, 사제와 수녀들이 주류 교수진을 구성하고 있지 않을 뿐만 아니라 학교 재단도 수도회에서 일반인 중심 이사회로 변화되었음을 지적하면서 대표적인 예수회 대학인 노트르담(Notre Dame)과 조지타운(Georgetown) 대학의 경우는 말할 것도 없고 대부분의 가톨릭 대학이 일종의 '정체성 위기'를 경험하고 있다고 하였다. 그러면서 그는 가톨릭 대학이 이름 또는 설립 주체에서만 '가톨릭'이 남아 있고 일반 대학과의 차별성을 찾아볼 수 없다면 가톨릭 대학으로 존재할 이유가 무엇인가라는 근본적인 질문을 제기하고 있다. 이러한 질문은 미국의 가톨릭 대학에만 해당하는 것이 아니라 우리나라의 종교계 사립대학과 중·고등학교 모두에 해당하는 중요한 질문이라고 할 수 있다.

기독교학교들이 학생의 선발, 교사의 충원, 교과과정의 운영 등에 있어서 자율성을 충분히 누리지 못하고 있는 것은, 기본적으로 사립학교도 국가가 운영하는 공교육체제의 일부로 편입되어 있기 때문이다. 이러한 공교육제도 하에서 사학은 아무래도 운영상의 자율성보다는 공공성을 더 요구받게 되어 있다. 다른 나라보다 상대적으로 사학의 비율이 높은 우리나라의 경우에는 더욱 그러하다고 할 수 있다(우리나라의 경우 사학의 비율이 다른 나라에 비해 상대적으로 높은데, 그 이유는 역사적으로 국민이 보여준 높은 '교육열'에 정부의 재정 능력이 따르지 못하였기 때문이라고 할 수 있다.). 사학에 대해서도 공공성을 요구할 수 있는 근거는 학교 중심의 공교육체제가 출범할 때 학교가 수행해 주기를 기대했던 기능에서 찾을 수 있다. 즉, 공교육체제의 중심으로서의 학교는 보편성, 평등성, 무상성, 의무성 등의 원리에 따라 사회 평등 기능을 수행할 것으로 기대되었고, 학교는 그 혜택이 학생들뿐만 아니라 전 사회에 파급된다는 점에서 외부효과를 지니고 있는 서비스로 인식되었다(김용일, 2000; 나병현, 2002; Dale, 1989;

Kaestle, 1983; Karier, 1986; Spring, 1989). 학교의 이러한 기능에서 사학도 예외가 아니라는 것이다.

대체로 공공성을 강조하게 되면 자율성이 위축되고, 사학의 자율성에 초점을 두면 공공성이 희생될 것이라는 생각을 하기 쉽다. 자율성과 공공성을 상반되는 가치로 여기는 이유는 공공성은 필연적으로 국가의 규제와 관여를 동반하기 때문이다. 그러나 공공성과 자율성은 양자택일의 문제는 아니다. 엄밀히 말하면, 공공성에 반대는 사사화(privatization)이고, 자율성의 반대는 타율과 통제이기 때문이다. 사실 교육에서 공공성과 자율성은 모두 충족되어야 하는 원리로서 교육의 주체들이 교육적 가치를 충분히 향유하기 위해서는 공학이든 사학이든 모두 공공성과 자율성을 충족시켜야 할 것이다.

본 글에서는 기독교학교들이 현재 운영되고 있는 모습 즉, 제도가 결국은 법적 기반에 따라 이루어지고 있다는 전제 하에, 관련 법률에서 사립학교의 공공성과 자율성의 관계와 여지를 어떻게 규정하고 있는지 살펴보고, 양자를 모두 충족시킬 수 있는 방향을 모색해 보고자 한다.

II. 기독교학교 설립 운영의 기초로서 교육법의 규정

1. 헌법과 교육기본법의 관련 규정

국민의 모든 삶의 영역을 다루고 있는 법률로서 헌법(제31조)에서는 다음과 같이 교육권, 의무교육, 교육의 자주성, 평생교육 등 교육에 관한 기본 정신을 기술하고 있다.

① 모든 국민은 능력에 따라 균등하게 교육을 받을 권리를 가진다.

② 모든 국민은 그 보호하는 자녀에게 적어도 초등교육과 법률이 정하는 교육을 받게 할 의무를 진다.

③ 의무교육은 무상으로 한다.

④ 교육의 자주성·전문성·정치적 중립성 및 대학의 자율성은 법률이 정하는 바에 의하여 보장된다.

⑤ 국가는 평생교육을 진흥하여야 한다.

⑥ 학교교육 및 평생교육을 포함한 교육제도와 그 운영, 교육재정 및 교원의 지위에 관한 기본적인 사항은 법률로 정한다.

교육에 관한 이러한 헌법의 정신을 구현하기 위하여 만들어진 교육기본법에서는 교육의 기회균등, 교육재정, 9년간의 의무교육, 교육의 자주성과 중립성, 학교설립의 근거 등에 관하여 규정하고 있으며, 초·중등교육 및 사립학교 관련 조항은 다음과 같다.

제4조(교육의 기회균등)

① 모든 국민은 성별, 종교, 신념, 인종, 사회적 신분, 경제적 지위 또는 신체적 조건 등을 이유로 교육에서 차별을 받지 아니한다.

② 국가와 지방자치단체는 학습자가 평등하게 교육을 받을 수 있도록 지역 간의 교원 수급 등 교육 여건 격차를 최소화하는 시책을 마련하여 시행하여야 한다.

제5조(교육의 자주성 등)

① 국가와 지방자치단체는 교육의 자주성과 전문성을 보장하여야 하며, 지역 실정에 맞는 교육을 실시하기 위한 시책을 수립·실시하여야

한다.

② 학교 운영의 자율성은 존중되며, 교직원·학생·학부모 및 지역 주민 등은 법령으로 정하는 바에 따라 학교 운영에 참여할 수 있다.

제6조(교육의 중립성)

① 교육은 교육 본래의 목적에 따라 그 기능을 다하도록 운영되어야 하며, 정치적·파당적 또는 개인적 편견을 전파하기 위한 방편으로 이용되어서는 아니 된다.

② 국가와 지방자치단체가 설립한 학교에서는 특정한 종교를 위한 종교교육을 하여서는 아니 된다.

제7조(교육재정)

① 국가와 지방자치단체는 교육재정을 안정적으로 확보하기 위하여 필요한 시책을 수립·실시하여야 한다.

② 교육재정을 안정적으로 확보하기 위하여 지방교육재정교부금 등에 관하여 필요한 사항은 따로 법률로 정한다.

제8조(의무교육)

① 의무교육은 6년의 초등교육과 3년의 중등교육으로 한다.

② 모든 국민은 제1항에 따른 의무교육을 받을 권리를 가진다.

제11조(학교 등의 설립)

① 국가와 지방자치단체는 학교와 사회교육시설을 설립·경영한다.

② 법인이나 사인(私人)은 법률로 정하는 바에 따라 학교와 사회교육시설을 설립·경영할 수 있다.

제25조(사립학교의 육성)

국가와 지방자치단체는 사립학교를 지원·육성하여야 하며, 사립학교의 다양하고 특성 있는 설립목적이 존중되도록 하여야 한다.

2. 초 · 중등교육법의 관련 규정

교육기본법 가운데 초 · 중등교육에 관한 사항은 초 · 중등교육법에 보다 상세하게 규정하고 있으며, 사립학교와 직 · 간접적으로 관련 있는 조항은 다음과 같다.

제4조(학교의 설립 등)

① 학교를 설립하고자 하는 자는 시설 · 설비 등 대통령령이 정하는 설립기준을 갖추어야 한다.

② 사립학교를 설립하고자 하는 자는 특별시 · 광역시 또는 도 교육감(이하 "교육감"이라 한다)의 인가를 받아야 한다.

③ 사립학교를 설립 · 경영하는 자가 학교를 폐지하거나 대통령령이 정하는 중요사항을 변경하고자 하는 경우에는 교육감의 인가를 받아야 한다.

제29조(교과용도서의 사용)

① 학교에서는 국가가 저작권을 가지고 있거나 교육과학기술부장관이 검정 또는 인정한 교과용도서를 사용하여야 한다.

② 교과용도서의 범위 · 저작 · 검정 · 인정 · 발행 · 공급 · 선정 및 가격 사정에 관하여 필요한 사항은 대통령령으로 정한다.

초 · 중등교육법 시행령 가운데 사립학교 운영과 관련된 규정은 다음과 같다.

제63조(사립학교의 운영위원회)

① 법 제31조의 규정에 의하여 사립의 초등학교 · 중학교 · 고등학교 및 특수학교(이하 이 조에서 "사립학교"라 한다)에 두는 운영위원회(이하 "사립학교 운영위원회"라 한다)는 당해 학교의 교원위원 · 학부모위원 및 지역위원으로 구성한다.

② 제58조 · 제59조 · 제60조 제2항 및 동조 제3항의 규정은 사립학교 운영위원회 위원의 정수 · 선출 등에 관하여 이를 준용하되, 당연직 교원위원을 제외한 교원위원은 정관이 정한 절차에 따라 교직원전체회의에서 추천한 자중 학교의 장이 위촉한다. 이 경우 "국 · 공립학교"는 "사립학교"로, "심의"는 "자문"으로, "학칙" 및 "시 · 도의 조례"는 "정관"으로 본다. 〈개정 2011.3.18〉

③ 학교의 장은 운영위원회의 자문결과를 최대한 존중하여야 한다.

④ 관할청은 사립학교의 장이 정당한 사유 없이 법 제32조 제3항의 학교발전기금의 조성 · 운용 및 사용에 관한 사항에 대하여 운영위원회의 심의 · 의결을 거치지 아니하거나 심의 · 의결의 결과와 다르게 시행하는 경우 또는 심의 · 의결의 결과를 시행하지 아니하는 경우나 제60조 제2항의 규정에 의한 사유 없이 자문을 거치지 아니하고 시행하는 경우에는 법 제63조의 규정에 의한 시정을 명할 수 있다.

⑤ 사립학교 운영위원회의 구성에 관하여 이 영에서 규정하지 아니한 사항은 정관으로 정한다.

제84조(후기학교의 신입생 선발 및 배정방법)

① 후기학교의 신입생은 주간부 · 야간부의 순으로 선발한다.

② 제77조 제2항에 따라 시 · 도 조례로 정하는 지역의 후기학교 주간부 신입생은 고등학교 학교군별로 추첨에 의하여 교육감이 각 고등

학교에 배정하되, 제81조 제5항의 규정에 의하여 2개 이상의 학교를 선택하여 지원한 경우에는 그 입학지원자 중에서 추첨에 의하여 당해 학교 정원의 전부 또는 일부를 배정할 수 있다.

〈개정 2001.1.29, 2008.2.29, 2011.3.18〉

③ 제2항에도 불구하고 제77조 제2항에 따라 시·도 조례로 정하는 지역의 주간부 후기학교 중 거리·교통이 통학상 극히 불편한 지역에 소재하거나 특별한 사유가 있어 추첨배정이 곤란한 학교로서 교육감이 지정한 학교에 대하여는 추첨에 의하지 아니하고 당해 학교의 장이 학생을 입학하게 할 수 있다.

〈개정 2001.1.29, 2008.2.29, 2011.3.18〉

④ 제77조 제2항에 따라 시·도 조례로 정하는 지역의 후기학교 야간부 신입생은 교육감이 각 학교에 통보한 입학전형에 관한 자료에 따라 당해 학교의 장이 선발한다.

〈개정 2001.1.29, 2008.2.29, 2011.3.18〉

⑤ 제2항의 규정에 의한 학교군은 시·도별로 학교 분포와 지역적 여건을 참작하여 교육감이 교육위원회의 의결을 거쳐 정한다.

⑥ 교육감은 제5항의 규정에 의하여 학교군을 정한 때에는 이를 고시하여야 한다.

⑦ 제2항의 규정에 의한 후기학교의 추첨·배정에 관하여 교육감의 자문에 응하게 하기 위하여 학교군별로 고등학교입학추첨관리위원회를 두며, 그 조직과 운영에 관한 사항은 시·도 교육규칙으로 정한다.

⑧ 제1항 내지 제4항, 제85조 제2항·제86조·제87조의 규정에 의하여 고등학교에 배정된 자가 당해 학교에의 입학을 포기한 경우에

는 당해 연도에 다시 다른 학교에 입학배정을 받지 못한다.

제91조의3(자율형 사립고등학교)

① 교육감은 다음 각 호의 요건에 모두 해당하는 사립의 고등학교를 대상으로 법 제61조에 따라 학교 또는 교육과정을 자율적으로 운영할 수 있는 고등학교(이하 "자율형 사립고등학교"라 한다)를 지정·고시할 수 있다. 다만, 제77조 제2항에 따라 교육감이 입학전형을 실시하는 지역의 고등학교를 자율형 사립고등학교로 지정하려는 경우에는 미리 교육부장관과 협의하여야 한다. 〈개정 2013.2.15, 2013.3.23〉

  1.국가 또는 지방자치단체로부터「지방교육재정교부금법 시행령」 별표 1에 따른 교직원 인건비(교원의 명예퇴직 수당은 제외한다) 및 학교·교육과정운영비를 지급받지 아니할 것

  2.교육부령으로 정하는 법인전입금기준 및 교육과정운영기준을 충족할 것

② 자율형 사립고등학교를 운영하려는 법인 또는 학교의 장은 다음 각 호의 사항이 포함된 신청서를 제출하여야 한다.

  1. 건학이념 및 학교 운영에 관한 계획

  2. 교육과정 운영에 관한 계획

  3. 입학전형 실시에 관한 계획

  4. 교원배치에 관한 계획

  5. 그 밖에 자율형 사립고등학교의 운영 등에 관하여 교육감이 정하여 고시하는 사항

③ 자율형 사립고등학교는 입학정원의 20퍼센트 이상을 다음 각 호에 해당하는 사람을 대상으로 선발하여야 한다. 이 경우 교육부장관과 교육감은 제1항 제1호에도 불구하고 전단에 따라 선발된 사람의

교육 활동에 필요한 비용을 지원하거나 전단에 따른 모집 정원이 미달된 학교의 재정을 지원할 수 있다. 〈개정 2011.12.30, 2013.3.23〉

3. 사립학교법의 관련 규정

사립학교법 제1조는 이 법의 목적이 "사립학교의 특수성에 비추어 그 자주성을 확보하고 공공성을 앙양함으로써 사립학교의 건전한 발달을 도모"하는 데 있음을 밝히고 있다. 이 법의 목적에 따르면 이 법은 동시에 만족시키기 어려운 사학의 자율성과 공공성을 모두 인정하고 있는 셈이다. 예컨대 사학의 공공성을 위하여 제43조(지원)에서는 국가 또는 지방자치단체의 사학에 대한 재정 지원과 이에 대한 책무성을 함께 규정하고 있다. 그러나 임원의 선임과 관련된 제14조의 규정으로 말미암아 사학의 공공성과 자율성에 대한 논쟁은 아직도 진행 중이다.

제14조(임원)

① 학교법인에는 임원으로서 7인 이상의 이사와 2인 이상의 감사를 두어야 한다. 다만, 유치원만을 설치·경영하는 학교법인에는 임원으로서 5인 이상의 이사와 1인 이상의 감사를 둘 수 있다.

② 이사 중 1인은 정관이 정하는 바에 의하여 이사장이 된다.

③ 학교법인은 제1항에 따른 이사정수의 4분의 1(단, 소수점 이하는 올림한다)에 해당하는 이사(이하 "개방이사"라 한다)를 제4항에 따른 개방이사추천위원회에서 2배수 추천한 인사 중에서 선임하여야 한다.

④ 개방이사추천위원회(이하 "추천위원회"라 한다)는 제26조의2에

따른 대학평의원회(이하 "대학평의원회"라 한다) 또는 「초·중등교육법」 제31조에 따른 학교 운영위원회(이하 "학교 운영위원회"라 한다)에 두고 그 조직과 운영 및 구성은 정관으로 정하되, 위원정수는 5인 이상 홀수로 하고 대학평의원회 또는 학교 운영위원회에서 추천위원회위원의 2분의 1을 추천하도록 한다. 다만, 대통령령으로 정하는 종교지도자 양성만을 목적으로 하는 대학 및 대학원 설치·경영 학교법인의 경우에는 당해 종교단체에서 2분의 1을 추천한다.

⑤ 제3항에 따라 추천위원회가 개방이사를 추천하는 경우에는 30일 이내에 완료하여야 하며, 이 기간 내에 추천하지 못하는 때에는 관할청이 추천한다.

⑥ 제3항부터 제5항까지의 규정에 따른 개방이사의 추천, 선임방법 및 자격요건과 기준에 관한 구체적인 사항은 대통령령으로 정하는 바에 따라 정관으로 정한다.

제43조(지원)

① 국가 또는 지방자치단체는 교육의 진흥 상 필요하다고 인정할 때에는 사립학교교육의 지원을 위하여 대통령령 또는 당해 지방자치단체의 조례가 정하는 바에 의하여 보조를 신청한 학교법인 또는 사학지원단체에 대하여 보조금을 교부하거나 기타의 지원을 할 수 있다.

② 관할청은 제1항 또는 제35조제3항의 규정에 의하여 지원을 받은 학교법인 또는 사학지원단체에 대하여 다음 각호에 규정하는 권한을 가진다.

1. 지원에 관하여 필요한 경우에는 당해 학교법인 또는 사학지원 단체로부터 그 업무 또는 회계의 상황에 관한 보고를 받는 일

2. 당해 학교법인 또는 사학지원단체의 예산이 지원의 목적에 비

추어 부적당하다고 인정할 때에는 그 예산에 대하여 필요한 변
경조치를 권고하는 일

③ 국가 또는 지방자치단체는 제1항 또는 제35조제3항의 규정에 의
하여 학교법인 또는 사학지원단체에 대하여 지원을 하는 경우에 그
지원성과가 저조하여 계속지원이 부적당하다고 인정하거나, 학교법
인 또는 사학지원단체가 제2항의 규정에 의한 관할청의 권고에 따르
지 아니한 때에는 그 후의 지원은 이를 중단할 수 있다.

Ⅲ. 법률에 비추어 본 기독교학교의 공공성과 자율성

교육기본법에 의하면 학교는 유아교육, 초등교육, 중등교육 및 고등
교육을 실시하기 위하여 국가, 지방자치단체, 법인 또는 사인이 설립한
공적 기구이다. 이 가운데 국가가 설립한 학교를 국립학교, 지방자치단
체가 설립한 학교를 공립학교, 법인 또는 사인이 설립한 학교를 사립학
교라고 한다. 사립학교법에 의하면 사립학교는 학교법인 또는 공공단체
외의 법인, 기타 사인이 설립한 학교를 가리키는데, 초·중등교육법에서
는 사립학교의 설립 주체를 법인 또는 사인으로 규정하고 있는 반면에
고등교육법에서는 학교법인으로 한정하고 있는 것이 다르다. 요컨대 사
립학교란 정부가 학교교육에 대한 국민의 수요를 모두 담당하기 어려운
경우 또는 건학이념으로 표현되는 특정 교육목표를 달성하기 위하여 민
간부문이 자기의 재원으로 설립한 학교를 가리킨다.

사립학교는 정부가 제공해야 할 국민에 대한 학교교육 서비스를 대신
하고 있다는 점에서 학교 민영화의 한 형태라고 할 수 있다(김재웅, 2005;

Belfield & Levin, 2002). 만일 사립학교가 민영화의 한 형태라면, 민영화의
원리에 비추어 사립학교의 운영은 정부의 규제로부터 자유로워야 한다.
그러나 위의 교육기본법, 초·중등교육법, 초·중등교육법 시행령, 사립
학교법 등에서 사립학교의 운영에 관하여 규정하고 있는 내용을 종합해
보면, 극히 일부의 자율형 사학을 제외하고서는 거의 모든 사립학교가
공립학교와 같은 수준의 정부 통제를 받고 있음을 알 수 있다.

　이렇듯 사학에 대한 규제를 정당화할 수 있는 법적 근거는 어디에 있
는가? 우선 교육기본법 제9조 제2항에서 "학교는 공공성을 가지며"라고
규정하고 있는 데에서 찾아볼 수 있다. 이러한 법적 규정이 아니더라도
역사적으로 공교육제도가 출현하는 과정을 살펴보더라도 사립학교가 국
가의 목표를 위해 공공성의 맥락 안에서 발전되어 왔음을 알 수 있다. 근
대적 의미의 국가가 성립된 이후 학교 중심의 공교육제도를 마련했던 모
든 나라들은 '국민 만들기'라는 국가적 목표에 학교가 충실히 기능해 주
기를 기대했다. 이에 따라 국민으로서 갖추어야 할 똑같은 언어, 문화,
가치관 등을 공유하도록 하는 데 사립을 포함한 거의 모든 학교가 국가
관리 공교육체제 속에 편입되었다. 1948년 정부 수립 후 국가주의교육으
로 특징지어지는 우리나라의 학교교육제도 하에서 사립학교는 건학이
념에 따라 개성 있는 교육을 실시하기가 그리 쉽지 않았던 게 사실이다
(황정규·이돈희·김신일, 2003). 게다가 1974년도에 도입된 고등학교 평준
화 정책, 사립학교에 대한 재정 지원의 증가, 최근의 사립학교법 개정 등
으로 인하여 사립학교는 그 자율성보다는 공공성을 훨씬 더 강조하는 방
향에서 운영되지 않으면 안 되었다. 사립학교는 설립만 민간부문이 했을
뿐, 그 운영에 대해서는 거의 정부의 통제 안에 들어와 있다고 해도 과언
이 아니다. 실제로 학교 운영에 있어서 학생 선발권도 없고, 재단 전입금

도 미비하며, 국고 보조금에 의해 사립학교가 운영되고 있는 마당에 설립 주체가 학교를 마음대로 운영할 권리를 부여할 필요가 없다는 주장은 '사학의 공공성' 논지에 힘을 실어 주고 있다. 그러나 사립학교의 설립자들과 일부 학자들은 사학에 대한 국가의 재정 지원은 정부가 담당해야 할 공교육의 일부를 분담하고 있다는 점에서 당연한 것이며, 이러한 재정 지원이 사학의 자율성을 송두리째 앗아가는 것은 위헌적인 요소가 있다는 주장으로 맞서고 있다(강경근, 2006).

학교교육의 공공성을 해치지 않는 범위 안에서 사립학교의 자율성을 어디까지 인정할 것인지의 문제는 간단하지가 않다. 사립학교의 공공성을 강조하는 사람들은 다음과 같은 논지의 주장을 펴는 경향이 있다. 교육기본법 제9조 제2항에서 "학교는 공공성을 가지며"라고 규정하고 있기도 하지만, 교육이라는 인간 활동은 본질상 사적 권한이라기보다 공적 특성을 지니고 있는 것이다. 사립학교도 '국민 만들기'라는 국가의 필요에 따라 형성된 공교육체제의 일부를 이루고 있는 한 보편성, 평등성 등의 가치를 실현하기 위해서는 국가의 통제와 개입이 불가피하다는 것이다. 따라서 교육 활동에 대한 '공익의 중재자'로서 국가의 조정 역할은 당연한 것이며, 이때 가장 중요한 준거는 교육 평등이라고 할 수 있다(이윤미, 2006). 물론 이때 교육 평등이 허용적 기회균등인지, 보장적 기회균등인지 교육과정의 기회균등인지, 아니면 교육결과의 평등인지에 대해서는 이견이 존재할 수 있을 것이다. 궁극적으로 후자의 교육평등이 실현되어야 하겠지만, 적어도 설립 주체에 따른 학교의 차이에서 오는 교육 기회의 불평등만큼은 허용되어서는 안 된다고 본다. 구체적으로, 사학 운영에 있어서 재단전입금이 미미하고, 학교 운영에 필요한 경비가 국고를 통해 지원되고 있는 상황에서 학교법인이 학교 운영을 독점하도록 하면 안 된다는 것이다. 이들이 보기에 사학의 자율성은 설립자의 자주적 학교 운영에 있는 것이 아니라, 학교 구성원인 교사, 학생, 학부모 및 지역사회의 자치적 운영에 있다(박부권, 2008). 이사회가 존재하고 있는 사립학교에도 공립학교와 같은 학교 운영위원회의 설치를 의무화 하고 있는 것은 이러한 맥락에서 이해된다.

2005년도 12월에 이루어진 개정 사학법은 이들과 같은 의견을 지니고 있던 참여정부와 열린우리당의 강력한 의지가 반영된 것으로 소위 개방형 이사제를 골자로 하고 있었다. 즉 이사 정수의 1/4을 학교 운영위원회 또는 대학평의회가 2배수로 추천하게 한 것, 이사 전원을 임시이사로 전환할 때 그 수의 1/3을 학교 운영위원회 또는 대학평의회가 추천하는 자로 선임하게 한 것, 이사 가운데 친족비율이 1/4을 초과할 수 없도록 한 것 등이 그 예이다. 그러나 이 개정법안이 통과되자마자 종교계 사학은 개정 사학법 대한 불복종 운동, 학교 폐쇄 등의 카드를 들고 나오면서 강하게 반대하였다. 급기야는 2007년 7월 개정 사학법은 재개정되기에 이른다.

재개정 사학법에서 바뀐 내용은 학교 운영위원회 또는 대학평의회에 '개방이사추천위원회'를 두되 그 위원의 1/2을 학교 운영위원회 또는 대학평의회가 추천하도록 한 것, 사학 법인이사의 일부 또는 전부를 임시이사로 파견하는 것을 허용하되 교육부 장관 아래 '사학분쟁조정위원회'를 두어 임시이사의 선임, 해임, 사학정상화에 관한 사항을 심의하도록 한 것 등이다. 재개정 사학법은 이사의 선임과 관련하여 학교 운영위원회와 대학평의회의 영향력을 축소하고 법인이사회의 입장이 반영될 수 있는 공간을 넓혀 사학법인의 반발을 무마하고자 하였다. 그러나 사학의 설립주체들은 개방형 이사의 추천방법을 정관에 위임하는 것이 옳다고 주장하고 있다.

사립학교의 자율성을 강조하는 입장에 서 있는 사람들은 다음과 같이 주장한다(강경근, 2006). 첫째, 국가 또는 지방자치단체가 설립·운영하는 국·공립학교와는 달리 사립학교의 설립·운영의 주체는 국가가 아니라 학교법인이다. 둘째, 학교법인은 민법상 재단법인으로서, 국가 또는 지방자치단체로부터 재정적 지원을 받는 경우에라도 학교법인을 공법인화하는 것은 학교의 물적 설비 내지 경영권 등의 사적 재산권을 보장하는 헌법 제23조에 반하는 것이다. 이 입장을 지지하는 사람들의 경우, 사립학교는 공교육을 담당하고 있다는 점에서 공공성이 어느 정도 요구되는 것은 사실이나, 그 설립 근거가 "모든 국민은 능력에 따라 균등하게 교육을 받을 권리를 가진다"라고 규정하고 있는 헌법 제31조 제1항에 있으므로 사립학교가 국민의 학습권 실현이라는 헌법적 정신을 구현하고 있는 것으로 본다. 따라서 국가의 사학에 대한 재정 지원은 당연한 것이며, 지원에 따른 통제가 반드시 수반될 필요는 없다고 본다.

재개정 사학법 이후 사학의 공공성과 자율성의 극단적 갈등은 수면 아래로 가라앉은 것같이 보인다. 그러나 사학의 설립 주체들은 사학의 건학 이념을 자율적으로 구현하고 학교를 특성화 시켜 나가기에는 아직 국가의 간섭과 통제가 지나친 것으로 인식하고 있다. 한편, 사학도 공교육체제의 일부를 구성하고 있기 때문이기도 하지만, 사학의 비리, 탈법, 부패가 상존하고 있는 한 사학의 공공적 관리의 필요성을 주장하고 있는 사람들이 상당수 존재하고 있는 것이 사실이다. 아마도 사학의 공공성과 자율성 논쟁은 앞으로도 계속될 것이다. 사학의 공공성과 자율성을 조화시키는 방안을 찾아보기 위해 외국의 사학 현황을 살펴보고자 한다.

Ⅳ. 외국의 사립학교 현황과 이슈[2]

사학의 비율, 사학에 대한 정부의 재정 지원, 사학에 대한 정부의 통제 등으로 구분하여 외국의 사립학교 현황과 이슈를 살펴보고자 한다. 외국의 사학 현황은 OECD 회원 국가를 중심으로 살펴보았다.

1. 사학의 비율

사학이 차지하는 비중은 나라마다 그리고 학교급에 따라 다르다(〈표1〉 참조). 네덜란드의 사립학교의 비율이 전기중등단계에서 75.9%, 후기중등단계에서 92.1%로써 가장 높으며, 벨기에가 그 다음으로 높다. 한국과 호주에서도 전후기중등단계에서 30% 이상으로 높은 편이다. 반면 오스트리아, 캐나다, 독일, 그리스, 이탈리아, 스웨덴, 미국 등은 10% 미만을 차지한다. 중등단계에서 사학이 차지하는 비중은 OECD 국가 중 많은 국가에서 증가하는 추세에 있다. 2000년 이후 추이를 보면 먼저 전기중등의 경우 OECD평균이 2000년, 2002년, 2004년 각각 10.4%, 11.1%, 11.6%로 증가하였으며, 후기중등은 같은 기간에 각각 13.9%, 15.2%, 16.1%로 증가하였다. 전기, 후기 모두 증가하고 있는 나라가 감소하고 있는 나라에 비해 월등히 많다. 특히 덴마크 및 스웨덴 등 북유럽 국가와 호주 및 뉴질랜드 등 남태평양 국가에서 크게 증가하는 추세를 보이고 있다.

정부로부터 핵심 재정의 50% 이하를 지원받고 있는 독립형 사학[3]의 학

---

2 김영화(2007). "정치·사회적 맥락에서 본 OECD 주요국의 중등 사학에 대한 국가 지원과 통제." 비교교육연구 (제17권 제2호, 1~28)에서 발췌 정리함.
3 OECD(2006)에서는 사학을 독립형 사학과 정부의존형 사학으로 나누고 전자를 정부로부터 핵심 재정의 50% 이하를 지원받고 있는 사학, 후자를 50% 이상 지원받고 있는 사

<표1> OECD 국가의 사학 학생수 비율(2004년 기준)

사학 학생수 비율		전기중등사학(%)	후기중등사학(%)
사학	50%이상	네덜란드(75.9), 벨기에(57.7)	네덜란드(92.1), 영국(74.3), 벨기에(58.5), **한국(50.4)**
	30~50% 미만	호주(35.4), 스페인(29.3)	프랑스(29.8), 일본(30.3)
	10~30% 미만	덴마크(23.4), 프랑스(21.4), **한국(19.8)**, 룩셈부르크(19.9), 멕시코(12.6), 포르투갈(11.5) OECD 평균(11.6)	호주(25.5), 체코(12.9), 핀란드(10.9), 헝가리(15.0), 룩셈부르크(15.7), 멕시코(21.1), 뉴질랜드(23.9), 노르웨이(10.2), 포르투갈(17.5), 스페인(22.9), OECD 평균(16.1)
	10% 미만	오스트리아(7.8), 캐나다(7.8)[1], 체코(1.8), 핀란드(4.1), 독일(7.3), 그리스(5.4), 헝가리(6.7), 아이슬란드(0.8), 이탈리아(3.5), 일본(6.2), 뉴질랜드(6.0), 노르웨이(2.3), 폴란드(2.2), 슬로바키아(5.3), 스웨덴(6.3), 스위스(7.1), 영국(6.4), 미국(8.8)	오스트리아(10.8), 캐나다(5.1)[1], 덴마크(2.3), 독일(7.9), 그리스(6.2), 아이슬란드(5.9), 아일랜드(1.4), 이탈리아(5.4), 폴란드(8.9), 슬로바키아(8.7), 스웨덴(6.5), 스위스(6.9), 터키(1.8), 미국(8.8)
	없음	아일랜드, 터키	
독립형 사학	10%이상	멕시코(12.6), 포르투갈(5.1)	일본(30.3), 멕시코(21.1), 포르투갈(13.1), 스페인(10.8)
	5~10%미만	캐나다(6.7)[1], 그리스(5.4), 일본(6.2), 룩셈부르크(7.5), 영국(5.8), 미국(8.8)	그리스(6.2), 이탈리아(4.8), 룩셈부르크(7.5), 뉴질랜드(3.9), 폴란드(8.3), 미국(8.8)
	5% 미만	프랑스(0.2), 이탈리아(3.5), 뉴질랜드(4.7), 폴란드(1.6), 스페인(3.1), 스위스(4.7) OECD 평균(2.7)	캐나다(4.5)[1], 프랑스(0.8), 아이슬란드(0.4), 아일랜드(1.4), 스위스(3.8), 터키(1.8), 영국(2.8) OECD 평균(4.8)
	없음 또는 매우 적음	호주, 체코, 덴마크, 핀란드, 헝가리, 아이슬란드, 아일랜드, **한국**, 네덜란드, 슬로바키아, 스웨덴, 터키	호주, 체코, 덴마크, 핀란드, 헝가리, **한국**, 네덜란드, 슬로바키아, 스웨덴

자료: OECD(2006). *Education at a Glance: OECD Indicators.* Paris: OECD, 280.
주: 1) 캐나다는 2002년 기준.

학으로 규정하고 있다.

학생수 비율을 보면, 일본, 멕시코, 포르투갈 등이 10% 이상으로써 가장 높은 편에 속하며, 다음으로 그리스, 룩셈부르크, 미국 등이 5~10%를 차지하고 있다. 독립형 사학이 없거나 매우 적은 국가는 호주, 덴마크, 핀란드, 헝가리, 한국, 네덜란드, 스웨덴 등 다수를 차지하고 있다.

반면에 독립형 사학의 비중은 감소하고 있는 나라가 증가하고 있는 나라에 비해 더 많다. OECD평균을 보면 2000년, 2002년, 2004년 사이에 전기중등에서는 3.1%, 2.6%, 2.7%로 감소했으며, 후기중등에서도 5.7%, 4.6%, 4.8%로 감소하였다. 즉, 정부의 재정 지원 비율이 50%를 넘어서는 사학들이 늘어나고 있으며, 사학에 대한 정부의 재정 지원이 확대되어 가는 경향이 있음을 의미한다.

2. 사학에 대한 정부의 재정 지원

'사학에 대해 정부가 재정 지원을 해야 하는가, 한다면 어느 정도 해야 하는가' 하는 문제는 대부분의 국가에서 끊임없는 정치적 논쟁거리가 되어 왔다. 미국과 영국의 독립사학을 제외하고는 대부분의 OECD국가에서 정부가 사학에 대해 직접적으로 재정 지원을 하고 있다. 정부의 재정 지원 방식은 세 가지 유형으로 분류된다.

첫째, 학생 1인당 보조금을 지원하고 학교가 스스로 관리·운영하도록 하는 방식으로서 덴마크와 스웨덴이 이 유형에 속한다. 두 번째는 정부가 사학 교사의 봉급이나 경상비를 직접적으로 지불하는 방식으로써 지원 액수는 공학의 학생당 교육비 수준에 연계된다. 네덜란드에서 이 방식을 적용하고 있다. 세 번째는 불리한 지역에 더 많은 보조금을 지원하는 '필요-기반(need-based)' 공식을 적용하는 방식으로서 호주가 이 유형에 해당한다(CEP, 2001).

벨기에, 프랑스, 독일, 네덜란드, 룩셈부르크, 노르웨이, 덴마크, 스웨덴 등에서는 정부가 사학 경상비의 75~100% 수준까지 지원하고 있으며(CEP, 2001), 호주에서는 가톨릭계 학교에 대해 46%, 독립학교에 대해 37%를 지원하고 있다. 우리나라의 경우 사학에 대한 정부의 재정 지원은 재정결함보조금과 기타보조금의 형태로 이루어지며, 사학의 세입에서 정부보조금이 차지하는 비율은 2004년 기준으로 중학교는 81.8%, 고등학교는 54.4%에 달한다(박종렬, 2006). 한편 프랑스, 스페인, 캐나다 브리티시 컬럼비아(BC) 등에서는 사학이 정부와의 연계 수준을 선택할 수 있다. 높은 수준의 지원을 선택하면 높은 수준의 통제를 감수해야 한다(CEP, 2001).

정부로부터 직접적으로 재정 지원을 받지 않는 미국이나 영국의 독립사학에서는 필요한 재정을 수업료, 종교단체의 지원, 기부금, 교부금, 자선모금 등 민간 재원으로부터 충당한다. 그러나 이 나라에서도 사학에 대한 다양한 형태의 간접적 정부 지원은 이루어지고 있다. 영국에서는 저소득층 학생을 위해 정부가 수업료 일부를 지원하는 학비보조제(assisted places scheme) 및 비수익성 학교 수입에 대한 면세와 감세 혜택을 통해 정부가 사학에 대해 간접적으로 재정 지원을 하고 있다. 미국에서도 버스통학비 지원, 교과서 무료 대출, 특수 필요 아동을 위한 서비스 등을 통해 정부가 사학에 간접적으로 지원하고 있다. 27개 주에서 사학 통학 버스를 지원하고 있으며, 17개 주에서 사학 학생들에게 무상으로 교과서를 대여해 주고 있고, 27개 주에서 예방접종, 시력청력검사, 진단 검사 등 부수적인 서비스를 제공하고 있다. 이 외에도 사학의 학생들이 취약 집단 학생을 위한 읽기와 셈하기 서비스 프로그램, 장애아동을 위한 교육, 연방 학교급식 프로그램에 참여하도록 허용하고 있다(CEP, 2001).

3. 사학에 대한 정부의 통제

사학에 대한 정부의 재정 지원은 정부의 통제를 동반한다. 국민의 세금에 대한 책무성 확보, 모든 학교의 질을 일정 수준 이상으로 유지, 학부모의 소비자 권리 보호, 교사의 피고용자로서의 권리 보장 등을 위해 사학에 재정 지원하는 국가는 교과목 내용, 시험정책, 학생선발, 등록금 수준, 교사 채용과 급여, 이사회의 구성 등 사학의 교육·운영 전반에 대해 통제하고 규제하려 한다. 일반적으로 재정 지원이 높을수록 규제 수준도 높아져서 사학의 독자성이 약화되고 공학과 차별성이 약해진다. 그러나 예외적으로 이탈리아[4]와 그리스에서는 정부가 사학에 대해 거의 또는 전혀 재정을 지원하지 않으면서도 교과목 개설과 졸업요건을 강하게 규제하고 있다. 반면, 호주와 뉴질랜드에서는 정부가 상당한 수준의 재정을 지원하면서도 규제 수준은 높지 않다. [그림 1]은 사학에 대한 정부의 재정 지원 수준과 규제 수준별 국가의 위치를 나타내고 있다. 다음에서는 사학에 대한 정부의 규제 양상을 영역별로 살펴본다.[5]

1) 교육과정

대부분의 나라에서 정도의 차이는 있지만 재정 지원을 받는 사학의

---

4 이탈리아 헌법 33.3조에서는 국가에 비용을 부과하지 않는 한 법인과 개인에게 학교와 교육기관을 설립할 권리를 보장하고 있다. 하위 조항에서 교회가 지원하는 가톨릭학교를 제외하고 모든 성장하는 사학부문의 운영과 교육과정을 법적으로 엄격히 통제할 수 있는 근거를 마련하였다(James, 1989b).
5 이하 이 절에서 기술되는 내용은 별도의 인용이 있는 경우를 제외하고는 CEP(2001)를 참조하였음.

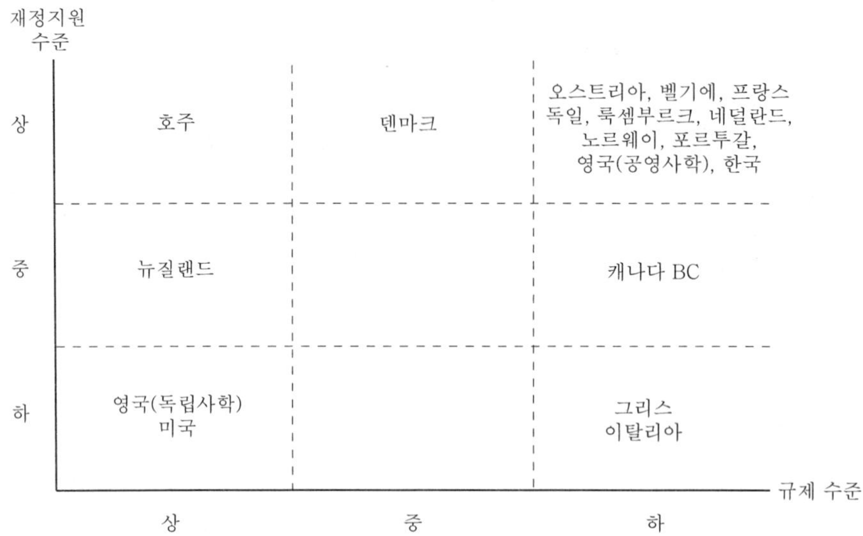

(자료) Center on Education Policy(CEP)(2001). Lessons from Other Countries about Private School Aid(Washington, DC.: CEP)에서 재구성. 영국을 공영사학과 독립사학으로 분리하여 달리 위치시킨 것과 한국을 포함시킨 것은 필자의 판단에 의한 것임.
(주) 낮음~중간~높음의 수준은 미국 사례를 기준으로 평가한 것임.

교육과정에 대해 정부가 규제를 가한다. 덴마크와 벨기에에서는 사학이 국가교육과정을 준수해야 하지만 교수방법에 있어서는 자유가 허용된다. 독일과 아일랜드, 포르투갈에서는 정부가 설정한 교과목 세부 내용까지 준수해야 한다. 스페인에서는 정부의 재정 지원 여부와 관계없이 정부에서 모든 사학의 교육과정 목표와 내용을 규정하고 있다. 룩셈부르크에서는 지원을 가장 많이 받는 사학에 대하여 공학과 동일한 교수방법을 사용하도록 요구한다. 캐나다 앨버타에서는 교수자료의 표준을 설정해 놓고 있으며, 그리스에서는 정부가 재정 지원을 하지 않으면서도 교육과정과 교수자료를 규제하고 있다. 스웨덴에서는 사학의 설립인가를 위한 핵심적 자격 요건으로 학습목표와 교육활동 방식 및 수준이 기초학교의 그것에 비등해야 할 것을 규정하고 있다. 아울러 공학과 차별성 있는 대안적 교육 방안을 제시해야 한다는 점과 교육방식의 개선 및 효율성 재고에 기여해야 한다는 것을 설립인가 요건으로 규정하고 있다(대한사립중고등학교장회, 1998).

대부분의 나라에서 사학이 일정 수업기준을 달성하도록 규제하고 있다. 나라에 따라서는 사학도 공학의 수업기준(과목별 수업시수, 일일 수업시간, 총 수업시간, 수업일수 등)을 준수하도록 요구하고 있다. 사학에 대하여 정부가 재정을 지원하지 않고 있는 미국에서도 36개 주에서 연간 최소 수업일수를 규정하고 있으며, 37개 주에서 읽기, 쓰기, 셈하기, 역사 등 기본 과목을 가르치도록 요구하고 있다.

대부분의 유럽 국가와 호주에서는 학생들이 진급 또는 진학하기 위해서는 국가시험을 통과해야 한다. 이 국가시험이 학교의 교육과정과 교수학습 방식을 결정하므로 사학도 국가시험에 맞추어 교육프로그램을 조직·운영하지 않을 수 없다. 그리스에서는 정부가 사학의 시험 관리를 감독하고 있으며, 캐나다 BC에서는 정부기관이 사학의 학생 성취도를 모니터하고 미흡하면 학교에 수정 조치 명령을 내린다.

2) 입학

대부분의 나라에서 공학은 거주지를 중심으로 근거리 강제배정 원칙을 적용하고 있는 반면 사학에 대해서는 학생들이 자유롭게 선택하도록 허용하고 있다. 그러나 예외적인 나라도 발견된다. 정부에서 사학과 공학을 동등하게 지원하고 있는 네덜란드에서는 사학뿐 아니라 공학에 대해서도 거주지와 관계없이 학생들에게 선택의 자유를 부여하고 있어 사학과 공학이 동일한 경쟁체제 내에 위치하고 있다.[6] 반면 핀란드에서는 사학 선택을 허용하되 학구를 정하여 학구 내에서만 선택할 수 있도록 하고 있다.

많은 나라에서 사학의 학생 입학 허가 조건으로 학생의 출신 계층이나 인종과 같은 귀속적 요인을 고려하지 못하도록 규제하고 있다. 독일과 핀란드에서는 가정 배경을 이유로 학생 입학을 거절할 수 없도록 규제하고 있다. 독일에서는 특정 계층만 입학 허가 대상으로 하거나 부모의 재산 정도를 고려하여 학생을 선발할 수 없으며, 지원자가 많을 경우 면접을 통해 자신들의 교육이념을 이해하고 학교 적응에 어려움이 없을 학생을 선발한다. 누구나 원하는 유형의 학교에 진학할 수 있는 권리가 보장되어 있으나 실제로 짐나지움과 같은 학교는 입학하더라도 학업을 따라가기 어렵기 때문에 처음부터 자신의 능력과 적성에 맞는 학교를 선택한다. 프랑스에서는 인종과 종족에 의한 차별을, 벨기에의 후레미쉬 사회에서는 이데올로기에 의한 차별을 금지하고 있으며, 캐나다 BC와 프랑스에서는 종교를 이유로 학생 입학을 거부할 수 없다.

네덜란드에서는 공학은 어떤 이유에서도 지원 학생의 취학을 거부할 수 없으나, 사학은 종교나 개인적 행동 등 일정 규정 조건 하에 지원자를 거부할 수 있다. 그러나 사학이 정원을 못 채우고 인근 학교에서 지원자가 정원을 초과하면 정원을 못 채운 사학은 건물의 일부를 인근 학교에 제공해야 한다(Walford, 2000).

---

6 네덜란드와 벨기에는 학교 수가 매우 많고 인구밀도가 높으며 대중교통이 발달해 있으므로 거주지와 관계없이 학교를 선택하는 것이 용이하다(Dijkstra et al., 2001).

3) 교사

일부 국가에서는 재정을 지원하는 사학에 대해 교사의 자격, 봉급, 고용 조건 등을 규제한다. 공립학교 교사와 동일한 자격을 요구하고 동일한 급여를 지급하기도 한다. 프랑스와 오스트리아에서는 사학의 교사도 공무원 신분으로서 정부 당국이 선발한다. 그러나 프랑스에서는 교사 선발에 해당 사학이 참여하며, 오스트리아에서는 부적합한 교사에 대해 해당 사학이 거부권을 행사할 수 있게 함으로써 사학의 권한을 인정한다. 이탈리아에서는 '공식적으로' 인정된 사학은 교사를 공개 경쟁시험을 통해 충원해야 하며 독일에서는 사학 교사의 은퇴와 연금에 대해 정부가 관여한다. 네덜란드에서는 교사의 자격은 국가가 규정하고 있으나 교사의 채용은 각 학교가 자유롭게 할 수 있다.

4) 등록금, 수업료, 재정

덴마크와 룩셈부르크에서는 정부가 재정을 지원하는 사학에 대해서 등록금 또는 수업료 액수를 제한하고 있으며, 벨기에, 프랑스, 스페인에서는 특정 재정 지원 사학에 대해서는 등록금 부과 자체를 금지하고 있다. 덴마크에서는 사학이 비영리 지위를 유지해야 하며, 네덜란드에서는 사학이 학생으로부터 특별활동비 등 매우 제한된 액수의 추가교육비를 받을 수 있을 뿐 학생에게 일체 등록금을 부과할 수 없고, 외부로부터 기부금을 받을 수 있으나 기부금을 교사 급여에 사용할 수 없도록 규제하고 있다.

5) 종교수업, 양심과 가치관의 자유

많은 나라에서 법적으로 종교계 학교의 종교수업과 예배의 권리를 인정하는 등 사학이 독자성을 유지하려는 것을 인정하고 있다. 그러나 이

나라들 가운데서도 학생과 교사들에게 종교 및 이념의 자유를 허용하고 있는 나라들이 있다. 프랑스와 스페인에서는 학생과 교사에게 종교수업에 참석하지 않을 권리와 자유롭게 양심과 생활양식을 추구할 권리를 부여하고 있다. 스웨덴에서는 종교계를 포함하여 모든 사학은 민주주의, 관용, 개방성, 객관성 등 공학과 동일한 가치관 교육을 실시하도록 요구받고 있다.

4. 시사점

외국의 경우 사학의 비율이 약간 증가하고 있으며, 이와 함께 사학에 대한 국가의 규제와 통제가 증가하고 있다. 영국과 네덜란드 모두 학교교육의 수월성과 책무성을 추구하는 가운데 정부지원 종교계 학교를 겨냥하여 상당한 권한을 가진 평가 장치를 도입하였다. 이와 같은 정부 규제의 강화 현상은 정부의 지원을 받지 않는 독립사학에서도 나타나고 있다. 영국에서는 독립사학이 반드시 국가교육과정을 따를 필요는 없으나, 학부모와 평가자들로부터의 학업성취도 향상 압력을 받고 있고, 국가시험을 준비해야 하기 때문에 독자적인 프로그램을 운영하기가 점점 어려워지고 있다. 1992년 교육법은 심지어 사학을 포함한 모든 학교에 대해 학교 정보 제공을 의무화하여 학교 간 비교가 가능하게 하고 있다. 국가교육평가기구(Ofstead)의 독립사학 담당 평가 부서에서는 독립사학의 평가를 수행한다. 평가 결과를 일반에게 공개하지는 않으나 문제가 제기되고 있는 독립사학에 대해서는 평가 결과를 공개하고 평가 결과에 따라 중앙정부가 사학을 폐쇄할 수도 있다(Walford, 2000). 호주에서도 현재 엘리트 독립학교의 책무성과 규제 정도를 확대하자는 논의가 증가하고 있다(Daniels, 2006).

　이미 중등사학의 규모가 매우 큰 우리나라에서는 사학이 감소하고 있는 동시에 기존 사학의 성격과 기능에 있어 변화를 요구받고 있다. 다른 OECD 국가들과 마찬가지로 우리나라는 사회 제 영역에서 다원화 현상이 나타나고 있으며(김영화, 2006), 다원주의의 심화는 끊임없이 다양한 교육수요를 창출할 것이다. 앞으로 우리나라 사학은 다양한 교육수요에 부응할 수 있도록 사학 본연의 기능을 수행할 것을 더욱 강력히 요구받을 것이며, 자율성을 확보하려는 사학의 요구가 더욱 거세어질 것이다. 정부로부터 재정적으로 독립할 수 있는 자율형 사학에 대해서는 자율성을 허용하여 다양한 교육수요에 대응하는 한편 학교혁신을 선도하여 교육 다양화를 유도하려는 정책적 노력은 사회적 공감대를 넓혀갈 것으로 보인다.

　다른 한편으로는 교육 부문을 비롯한 사회 전반의 민영화, 시장화 추세 속에서 최소한의 사회통합을 유지하려는 동력이 사학의 공공성 확보를 지속적으로 요구할 것이다. 탈근대사회는 '해체'를 특징으로 하며, 경제적 격차뿐 아니라 문화적 격차도 심화되고 있다. 사회통합을 위한 교육의 중요성이 강조되면서 사학의 공공성 확보를 위한 정부의 책임이 더욱 강력하게 요구될 것이다. 우리나라 사학은 미국이나 호주의 독립적 사학보다는 유럽의 공영사학의 성격이 강하다. 따라서 독립적인 재정 능력이 없는 사학에 대해서는 정부가 공학과 동등한 수준의 교육 여건을 갖출 수 있을 정도로 재정 지원을 확대할 필요가 있다. 이러한 재정 지원에 대한 책무성을 담보하기 위하여 사학에 대한 규제와 통제도 증가할 것으로 예상된다. 이러한 전망 속에서 사학의 자율성을 요구하는 사학 설립 주체들과의 갈등이 불가피하게 나타날 것이다.

V. 나가는 말

위에서 살펴보았듯이, 현행 교육 관련 법률과 제도 하에서 기독교학교는 자율적으로 건학이념을 구현해 나가기 매우 어려운 상황에 놓여 있다. 재정적으로 정부의 지원을 받지 않고 학생선발권을 갖게 되는 자율형 사학으로 전환하게 되면 그나마 교육과정 운영의 융통성을 발휘하면서 건학이념에 충실하게 종교교육을 실시할 가능성이 조금 열린다고 할수 있다. 그러나 대부분의 기독교학교들이 자율형 사립학교로 전환하여 성공할 만큼 재정, 학업성취도, 지역사회의 인지도 등의 측면에서 준비가 되어 있지 않은 것으로 보인다.

학교에서의 종교교육은 관련 현행 법률 조항, 예컨대 국민의 종교의 자유를 규정하고 있는 헌법 제20조 1항, 국·공립학교에서의 특정한 종교를 위한 종교교육 금지를 규정하고 있는 교육기본법 제6조 2항, 국가와 지방자치단체의 사립학교 지원·육성과 특성과 설립목적 존중을 규정하고 있는 교육기본법 제25조, 학교가 종교과목을 부과할 때에는 종교 이외의 과목을 복수로 과목을 편성하여 학생에게 선택의 기회를 줄 것을 규정하고 있는 교육과학기술부의 교육과정 지침 등에 비추어 실시되어야 한다. 문제는 이러한 법 규정 사이에 일관성이 없다는 것이다. 사립학교의 설립 주체인 사인 또는 법인은 종교 선전의 자유의 주체로서 건학이념에 이를 포함시킬 수 있고, 사립학교의 자주성을 인정하는 사립학교법에 따라 특정 종교의 교리를 내용으로 하는 종교 교과를 의무적으로 부과하는 학칙을 제정할 수 있다. 그리고 교육기본법 제6조 1항은 사립학교의 경우 특정 종교교육을 실시할 수 있는 것으로 해석할 여지를 남겨 놓고 있다. 그러나 이러한 규정은 "모든 국민은 종교의 자유를 가진다"라고 규정하고 있는 헌법(제20조 1항)의 조항과 종교 과목 이외의 과목 복수 개설이라는 제7차 교육과정 및 서울시 교육청의 지침과 갈등할 수 있다.

그렇다면 현행 법률과 제도 하에서 대부분의 기독교학교가 공공성을 유지하면서 건학이념을 구현할 수 있는 교육과정 운영의 자율성을 확보할 수 있는 방법은 없는가? 고교평준화지역에서 일반계 고등학교에 진학하는 학생을 교육감이 학교군별로 추첨에 의하여 배정하도록 하는 초·중등교육법시행령 제84조 제2항이 학부모의 자녀 학교선택권을 침해하지 않는다는 헌법재판소의 판결에 비추어 볼 때 (2005헌마514, 2009.4.30.), 기독교학교가 별도로 학생을 선발할 수 있는 권리를 부여받기란 거의 불가능하다고 할 수 있다. 헌법재판소는 다음과 같이 판시하고 있다.

…초·중등교육법시행령에서 학생과 학부모의 학교선택권에 대한 제한을 완화하기 위하여 선복수지원·후추첨방식과 같은 여러 보완책을 두고 있으므로, 이 사건 조항이 거주지에 의하여 학부모의 학교선택권을 과도하게 제한한다고 보기는 어렵다. 한편 '사립'학교 선택권의 보장은 여러 교육여건이 갖추어진 뒤에 정책적으로 결정하여야 할 사항으로서, 우리나라도 특수목적고등학교, 자립형 사립고등학교, 자율형 학교의 증가로 사립학교 선택권이 점차 보장되는 방향으로 가고 있으며, 대부분의 시·도에서 선복수지원·후추첨방식을 채택하고 있어 제한적으로 종교학교를 선택하거나 선택하지 않을 권리를 보장하고 있고, 종교과목이 정규과목인 경우 대체과목의 설치를 의무화하고 있는 점들을 고려할 때, 이 사건 조항으로 인하여 학부모의 '사립학교 선택권'이나 종교교육을 위한 학교선택권이 과도하게 제한된다고 보기도 어렵다.

사학에 대한 정부의 규제와 통제가 강화되고 있는 외국의 사례에 비추어 볼 때에도 자율성이 충분히 보장되어 있지 않은 우리나라의 사립학교가 처해 있는 상황이 매우 특수하다고 보기도 어렵다. 다만 일부 외국의 종교계 사립학교의 경우 건학이념의 특수성을 일부 인정하고 있음을 고려하여 우리나라도 어느 정도 타협점을 찾을 필요는 있다고 본다. 선복수지원·후추첨방식을 통하여 일부 학생들이 종교를 고려하여 학교를 지원할 가능성이 열려 있기는 하지만, 여전히 자기가 원하지 않는 학교에 배정될 가능성은 남아 있다. 예컨대 기독교를 믿고 있는 학생이 불교 학교에 배정될 수도 있고, 기독교학교에 배정되기를 원치 않는 학생이 그 학교에 배정될 수도 있다. 따라서 고교평준화지역에서 일반계 고등학교 입학전형 방법으로 기피하고 싶은 학교도 고려할 필요가 있다고 본다.

또한 기독교학교에서 종교라는 교과를 통해서 기독교의 교리를 가르치고 예배에 참여함으로써 기독교의 진수를 맛보게 하는 것이 매우 중요하다. 이런 기회를 통해서 기독교에 입문하는 학생이 적지 않은 것 또한 사실이다. 그러나 이것 못지않게 중요한 것은 기독교학교에서 종교라는 소재를 통하여 교육적, 내재적 가치를 체험하도록 하기 위해서는 교육적 원리에 충실한 방법으로 종교 교과를 다루어야 한다는 점이다. 이와 관련하여 종교 교과를 담당하고 있는 기독교학교 교사는 교육적 원리에 대한 성찰과 실천에 남다른 관심을 기울일 필요가 있다. 그렇지 않은 경우 오히려 기독교에 대한 반감만 가지고 학교를 졸업해 나갈 수도 있기 때문이다. 종교적 가치 체험이 이루어지지 않은 채 의무적으로 부과되는 종교교육은 교단의 확장을 위한 종교교육으로 기울 수밖에 없으며, 더 나아가 이것은 일부 학생들에게 일종의 종교적 폭력으로 인식될 수도 있다.

전통적인 기독교학교, 즉, 미션스쿨이 그 정체성을 잃어가게 되면, 자기 자녀를 기독교적 가치관에 따라 교육 시키기를 원하는 일부 학부모들은 기독교 대안학교 또는 기독교 홈스쿨링을 택하게 될 것이다. 이와 관련하여, 기독교학교의 정체성을 확립하고 사회적 영향력을 신장시키기 위한 방식으로 "잠재적 교육과정"(latent curriculum)에 대해 좀 더 많은 관심을 기울일 필요가 있다는 점을 지적하고 싶다. 잠재적 교육과정이란 학교가 공식적으로 의도하지 않았지만 학생들이 학교의 실천적인 교육의 과정에 참여하는 동안 얻게 되는 경험을 가리킨다. 예컨대, 학생들은 학교생활을 통하여 집단의 규칙에 대해, 상벌관계에 대해, 권력관계에 대해 배우기도 하고, 부정적 또는 긍정적 자아개념이 형성되기도 한다. 이러한 잠재적 교육과정은 주로 학생들의 정의적 측면(affective domain)에 영향을 미치며 그 효과가 지속된다는 특징이 있다. 기독교학교에서 교사들이 수업과 생활지도에 임하는 방식, 교직원들이 학생을 대하는 방식, 교장과 교목 등 주요 보직자들이 학교를 운영하는 방식, 학교 재정이 모금되고 지출되는 방식, 학교와 지역사회의 관계, 학교가 사회적 소수자들을 대하는 방식 등은 잠재적 교육과정으로서 매우 중요한 기능을 수행한다. 이러한 영역들에서 기독교의 정신과 가치가 구현되는 방향으로 이루어진다면, 이것을 보고 체험하는 학생들은 자연스럽게 기독교적 영향력 아래 놓이게 될 것이다. 이는 기독교학교의 공공성과 자율성 강화를 위한 법적 개선에 앞서 기독교학교의 정체성을 확립하고 사회적 영향력을 확대해 나가는 데 매우 중요하다고 생각된다.

참·고·문·헌

강경근. "사학 운영의 자율성과 공공성: 개정 사립학교법을 중심으로," 한
　　　국교육학회 2006년 춘계 학술대회 자료집(2006. 5. 27.), 35~44,
　　　2006.
김영화. "공교육이념과 기능의 시대적 적합성,"『교육사회학연구』, 11(2),
　　　53~75. 한국교육사회학회, 2001.
김영화. "학제의 사회학적 접근: 사회의 구조적 변동과 학제," 한국교육학
　　　회 2006년 추계 학술대회 자료집「미래사회의 학제 I」, 123~135,
　　　2006.
김영화. "정치·사회적 맥락에서 본 OECD 주요국의 중등 사학에 대한 국가
　　　지원과 통제,"『비교교육연구』, 17(2), 1~28. 한국비교교육학회, 2007.
김재웅. "학교 민영화의 개념, 유형, 그리고 전망,"『교육행정학연구』, 23(1),
　　　27~47, 2005.
나병현. "학교교육의 위기와 공교육이념의 재검토,"『아시아교육연구』, 2(2),
　　　139~159. 서울대학교 아시아교태평양교육발전연구단, 2002.
대한사립중고등학교장회, "세계의 교육과 중등사학," 서울: 사립중고등학교
　　　장회, 1998.
박부권. "사립학교의 자주성과 공공성에 대한 소고,"『교육사회학연구』,
　　　18(1), 21~38, 2008.
박종렬. "건전 사학 육성과 지원 방안," 제31차 KEDI 교육정책포럼「건전
　　　사학 육성 및 지원 방안 탐색」자료집, 1~49, 2006.
이윤미. "교육정책의 공공성과 자율성: 공공성 강화의 측면에서," 한국교육
　　　학회 2006년 춘계 학술대회 자료집(2006. 5. 27.), 61~72, 2006.
최운실, 백은순, 한성진.『사학 국제비교 연구』, 서울: 한국교육개발원, 1988.

Center on Education Policy(CEP). *Lessons from other countries about pri-*
　　　vate school aid, Washington, DC.: CEP, 2001.
Daniels, B. *The long spoon: Government funding of independent schools in*
　　　Australia. Independent Schools Council of Australia. Indepen-
　　　dent School 65(3), 2006.
Dijkstra, A., J. Dronkers & S. Karsten. *Private schools as public provision*

for education: School choice and marketization in the Netherlands and elsewhere in Europe. National Center for the Study of Privatization in Education, Teachers College, Columbia University. Occasional Paper 20, 2001.

James, E. The Netherlands: Benefits and costs of the privatized public services-lessons from the Dutch educational system. In G.Walford(1989). Private schools in ten countries : Policy and practice. London: Routledge, 1989a.

James, E. Public and private education in international perspective. In W. L. Boyd & J. G. Cibulka(eds.). Private schools and public policy: International perspectives. London: The Falmer Press, 1989b.

Levin, J. Differences in educational production between Dutch public and religious schools. National Center for the Study of Privatization in Education, Teachers College, Columbia University. Occasional Paper 93, 2004.

OECD. Education at a Glance: OECD Indicators. Paris: OECD, 2006.

Turner, J. Catholics, universities, academic disciplines: Historical reflections on American experience. 서강대학교 국제 학술세미나 발표자료, 2008.

Walford, G.Funding for private schools in England and the Netherlands, Can the piper call the tune? National Center for the Study of Privatization in Education, Teachers College, Columbia University. Occasional Paper 8, 2000.

1. 사립학교의 공공성을 옹호하는 입장과 사립학교의 자율성을 강조하는 입장의 법적 근거(헌법, 교육기본법, 초중등교육법과 그 시행령, 사립학교법과 그 시행령)와 논리적 근거를 각각 정리해 보자.

2. 해외 다른 나라들(OECD 국가들)의 사학 비율, 사학에 대한 정부의 재정지원과 통제를 분석한 내용(가령 그림1)에서, 우리나라 사학의 나아갈 방향에 대하여 얻을 수 있는 시사점을 토론해 보자.

3. 교육과정, 입학, 교사, 재정, 종교 수업의 5가지 영역에서 사립학교는 어느 정도의 자율성과 규제를 받아야 한다고 생각하는지 자신의 생각을 말해 보자.

4. 저자는 공공성과 자율성은 양자택일의 문제가 아니고, 양자 모두를 충족시킬 수 있는 것이라 주장하였다. 기독교학교의 공공성과 자율성을 모두 충족시키기 위해 저자가 제시한 대안이 무엇인지 정리하고, 자신의 생각을 추가해 보자.

기독교학교교육연구신서는 기독교학교교육연구소의 연구 활동을 한국교회와 기독교 교육현장 실무자들이 공유할 수 있도록 돕기 위해 기획되었습니다. 신서에 관한 보다 자세한 내용은 기독교학교교육연구소로 문의해 주시기 바랍니다.
홈페이지: cserc.or.kr / 전자우편: cserc@daum.net / 전화번호: 02-6458-3456

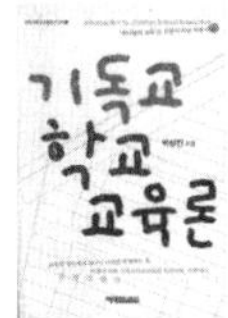

1. 기독교학교교육론

'하나님의 교육'은 고통이 아닌 축복이요 감격이며, 교육의 영역에서 하나님 나라를 확장하는 것이 바로 기독교학교교육의 목적이요 비전이다. 이 책을 통해 교육의 영역에서 하나님 나라를 이루기 위해 우리가 무엇을 해야 할지를 안내받을 수 있을 것이다.

2. 평양대부흥운동과 기독교학교

기독교학교의 부흥을 원한다면 처음으로 돌아가 회개로부터 시작해야 한다. 이 책은 한국 기독교학교의 현실을 진단하고, 평양대부흥운동과 초기 기독교학교의 부흥에 어떠한 연관성이 있는지 모색하고 있다.

3. 희망을 심는 교육 기독교대안학교 가이드

사람이 하나님을 만나 자신의 온전한 모습, 참된 인간의 모습을 회복하면 다른 사람과의 관계, 자기 주변의 자연과의 관계도 올바르게 변화된다. '천하보다 귀한 한 영혼'을 온전한 사람으로 성장시키려는 한국 기독교대안학교를 들여다본다.

4. 입시에 대한 기독교적 이해

교회 안에서조차 성경적인 교육이 아니라 입시 위주의 문화가 팽배한 시점에서 이 책은 입시가 기독교의 주제인지 아니면 일반교육의 주제인지 심도 있게 분석하고 입시에 대한 기독교적인 대안이 무엇인지 모색해 본다.

5. 입시에 대한 기독교적 대응

그리스도인이면서 부모인 사람은 많지만, 진정한 그리스도인 부모는 많지 않은 것이 오늘의 현실이다. 이 책을 읽는 모든 이들이 교육 고통에 대해 애통하는 마음을 갖고, 입시에 대한 하나님의 뜻을 깨닫고 이를 실천하는 통로가 될 수 있기를 바란다.

6. 한국 기독교학교교육운동

이 땅의 아이들을 향하여 다양한 형태의 기독교교육운동이 일어나고 있는 것은 하나님의 사랑의 선물이자 축복의 손길이다. 이 책을 통하여 한국의 기독교학교교육운동이 어떤 방향을 향하여 나아가고 있는지 가늠할 수 있을 것이다.

7. 기독교대안학교의 교육성과를 말하다

이 책은 각 기독교대안학교들의 교육적 노력과 효과를 판단할 수 있는 근거를 제시하고 개선의 기준을 제공하며, 기독교대안학교의 노력이 올바른 방향으로 나아가고 있는지를 점검하고 수정, 보완할 수 있는 기회를 제공한다.

8. 기독교대안학교 가이드

이 책은 객관적이고 종합적인 정보를 수집하여 기독교대안학교의 현주소를 평가할 뿐 아니라 앞으로 나아갈 방향을 제시하고 있다.

9. 기독교학교 리더를 만나다

이 책은 기독교학교를 설립해서 운영하고 있는 기독교학교 리더 9명을 만나 기독교학교의 법적 인가 문제, 학교 운영의 실제 등 7가지 주제에 대한 궁금증을 속시원히 밝히며 현장에서 경험한 살아 있는 원리를 소개한다.

10. 기독교학교, 역사에 길을 묻다

이 책은 기독교학교의 뿌리를 발견하게 해주며, 오늘의 기독교학교가 믿음의 선배들의 헌신 위에 세워진 학교임을 깨닫도록 한다. 기독교학교에 몸담고 있는 사람들은 반드시 읽어야 할 필독서이다.

11. 기독교학교와 교회

이 책은 기독교학교와 교회의 관계를 바르게 파악할 수 있는 네 가지 접근방식으로 구성되어 있다, 그것을 토대로 어떤 식으로든 관계를 맺을 수밖에 없는 기독교학교와 교회가 과연 어떤 관계를 맺어야 하는지에 대한 통찰을 얻을 수 있을 것이다.